Tim Mälzer
NEUE HEIMAT

Mosaik

1. Auflage
© 2018 **Wilhelm Goldmann Verlag**, München,
in der **Verlagsgruppe Random House GmbH**,
Neumarkter Str. 28, 81673 München
Autor: **Tim Mälzer**
Assistenz Tim Mälzer: **Frank Meyer**
Projektleitung: **Marcel Stut**
Rezepttexte: **Marcel Stut, Marion Heidegger**
Interview und Texte: **Tobias Becker** (tobias-becker.org)
Redaktion: **Cornelia Hanke, Ruth Wiebusch**
Foodstyling: **Tim Mälzer, Marcel Stut, Marion Heidegger**
Küchenassistenz: **Babette Börner**
Requisite und Styling: **Katrin Heinatz** (katrinheinatz.de)
Fotos: **Matthias Haupt** (matthiashaupt.de), außer:
Fotos Seite 3 o., 4, 5, 23, 50, 52, 83, 94, 107, 124, 133,
178 o., 186, 188, 192, 198, 219, 234, 252, 258, 281, 293:
Frank Meyer (jumpallintheair.de)
Fotos Seite 18 u., 40 o., 65, 156, 212, 262: **René Niemann** (syme.de)
Weitere Fotos: Seite 59 r. u.: Kekema Iyinboh. istock: 56 marigold_88, 90
sonya_illustration, 117 koltsova, 136 Svetlanais, 220 innakote, 237 incomible,
256 Khaneeros, 284 CSA-Printstock, 294 Daughterofthesun.
Fotoassistenz Matthias Haupt: **Lisa Nottenkaemper** (lisaproductions.de)
Fotolocation: **Bruns & Möllendorff GmbH & Co. KG,** Hamburg
Layoutprints: **Leo Lab Photographie GmbH,** Hamburg
Umschlaggestaltung: weissraum.de(sign)°, **Lucas Buchholz, Bernd Brink**
Kreativ Direktion & Gestaltung: **Anja Laukemper** (anjalaukemper.de)
Illustrationen: **Rocket & Wink** (rocketandwink.com)
Historische Zeichnungen: www.BioLib.de
Pictogramme: Flaticon: 45, 148, 256 freepik, 99 nikita-golubev, pixelmeetup,
279 smashicons, prettycons, 265 smashicons, 266 turkkub, 237 twitter
Reproduktion: **Lorenz & Zeller,** Inning am Ammersee
Druck und Bindung: **Mohn Media GmbH,** Gütersloh
CH · Herstellung **Ina Hochbach**
Printed in Germany
ISBN 978-3-442-39338-1
www.tim-maelzer.de
www.mosaik-verlag.de

Verlagsgruppe Random House FSC® N001967. Gedruckt auf Amber Graphic 120 g/qm.

 Dieses Buch ist auch als E-Book erhältlich.

Tim Mälzer
NEUE HEIMAT

mosaik

Heimat
auf dem Teller

Essen erdet uns. Essen stiftet Identität. Essen ist Heimat auf dem Teller. Und so kommt es, dass regionale Lebensmittel und Gerichte mächtig in Mode sind in unserer digitalisierten, globalisierten und scheinbar grenzenlos liberalisierten Gegenwart. Der moderne Mensch hungert nach Heimat.

Das Kochbuch »Heimat«, erschienen schon 2014, nahm diesen Megatrend vorweg. Es war meine Liebeserklärung an die traditionelle deutsche Küche: ein persönlicher Blick auf Klassiker, kulinarische Folklore mit einem hippen Anstrich.

Das Kochbuch »Neue Heimat« weitet den Blick nun, so wie auch Deutschland in den vergangenen vier Jahren den Blick geweitet hat. »Neue Heimat« ist städtischer als »Heimat«, »Neue Heimat« ist nicht brutal regional und erst recht nicht national. »Neue Heimat« ist ein modernes Kochbuch für ein modernes Deutschland: ein Land mit einem zeitgenössischen Heimatbegriff, ein Land mit offenen Köpfen – und offenen Töpfen.

Deutschland schmeckt heute anders als vor 50 Jahren. Es schmeckt italienisch, spanisch, türkisch. Deutsche Heimatküche: Das sind längst auch Spaghetti und Pizza, Döner und Burger, mancherorts sogar schon Falafel und Hummus. Deutsche Heimatküche: Das ist eine Küche, die einem warm werden lässt ums Herz. Wohlfühlküche.

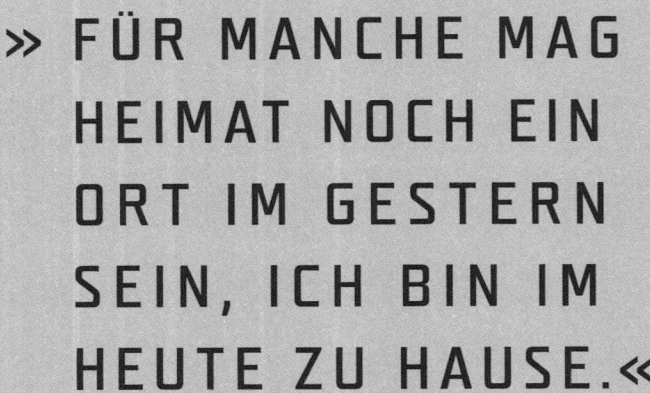

» FÜR MANCHE MAG
HEIMAT NOCH EIN
ORT IM GESTERN
SEIN, ICH BIN IM
HEUTE ZU HAUSE.«

»Neue Heimat« ist entlang erzählt an meinem Heimatbegriff, das Buch lässt sich lesen als kulinarische Autobiografie: Ich stamme aus der Kleinstadt Pinneberg vor den Toren Hamburgs, ich bin fest verwurzelt in Norddeutschland, auch kulinarisch. Aber ich habe in den vergangenen Jahren oft und gerne über den Tellerrand hinausgeschaut, so wie Deutschland über den Tellerrand hinausgeschaut hat. Das Land hat seinen Horizont erweitert.

Für manche mag Heimat noch ein Ort im Gestern sein, ich bin im Heute zu Hause. Unter der Überschrift »Meine Mudda, deine Mudda« stelle ich Heimatgerichte vor, die typisch deutsch zu sein scheinen, die in Varianten aber auch in anderen Ländern Heimatgerichte sind: Frikadellen und

schwedische Köttbullar, Hühnerbrühe und vietnamesische Pho, Maultaschen und chinesische Dim Sum. Auch andere Mütter haben schöne Gerichte.

Ein Essay erklärt die neue deutsche Heimatsehnsucht in Küche und Mode, in Literatur und Musik, in der Politik. Diese Heimatsehnsucht befeuert etliche Trends, die die Gastronomie prägen: Wieso eröffnen überall Burgerläden, warum trinken alle Craft Beer, weshalb schwärmen sie von Dry Aged Beef? Und was hat es eigentlich mit »Family Style Dining« auf sich? Unter der Überschrift »Neue Heimat« stelle ich diese und andere Kulinariktrends vor.

Wo wir uns zu Hause fühlen, da entspannen wir uns, da können wir wir selbst sein. Meine Küche ist insofern immer schon Heimatküche gewesen: eine entspannte Küche, eine Küche jenseits der Fachsimpelei und Angeberei, eine Küche ohne allzu

» WAHRE HEIMAT-
KÜCHE IST EINE
KÜCHE, DIE SATT
MACHT, KÖRPERLICH
UND EMOTIONAL.«

komplizierte Zutaten. Spargel ist gut mit Butter und Schinken, Spargel braucht keinen Hokuspokus. Es gibt sie noch, die einfachen Dinge.

Wahre Heimatküche ist keine Kunst. Zumindest nicht, wenn sie gut ist. Heimatküche ist Kunsthandwerk. Kein Essen zum Drübernachdenken, sondern Essen zum Essen. Gekocht nicht mit dem Kopf, sondern mit dem Herz.

Wahre Heimatküche ist eine Küche, die satt macht, körperlich und emotional. Eine schlichte Küche, aber keine asketische.

Wahre Heimatküche ist Kochen ohne Plan. Ich taste mich für dieses Buch an die Gerichte heran, so wie Mütter (und Väter) zu Hause am Herd. Ich arbeite mit dem, was Kühlschrank und Markt hergeben.

Dazu passt, dass ich die Gerichte nicht inszeniere, sie nicht mit großer Geste anrichte. Kochen unplugged.

»Neue Heimat« ist ein untypisches Kochbuch geworden, wenig Show, sehr authentisch. Mit Essen, das den Leuten am Tisch sagt: Fühlt euch wohl, habt eine tolle Zeit!

Das wünsche ich euch und Ihnen nun auch!

Tim Mälzer

SALAT

SALAT SALAT SALAT SALAT

SALAT SALAT SALAT SALAT SALAT SALAT

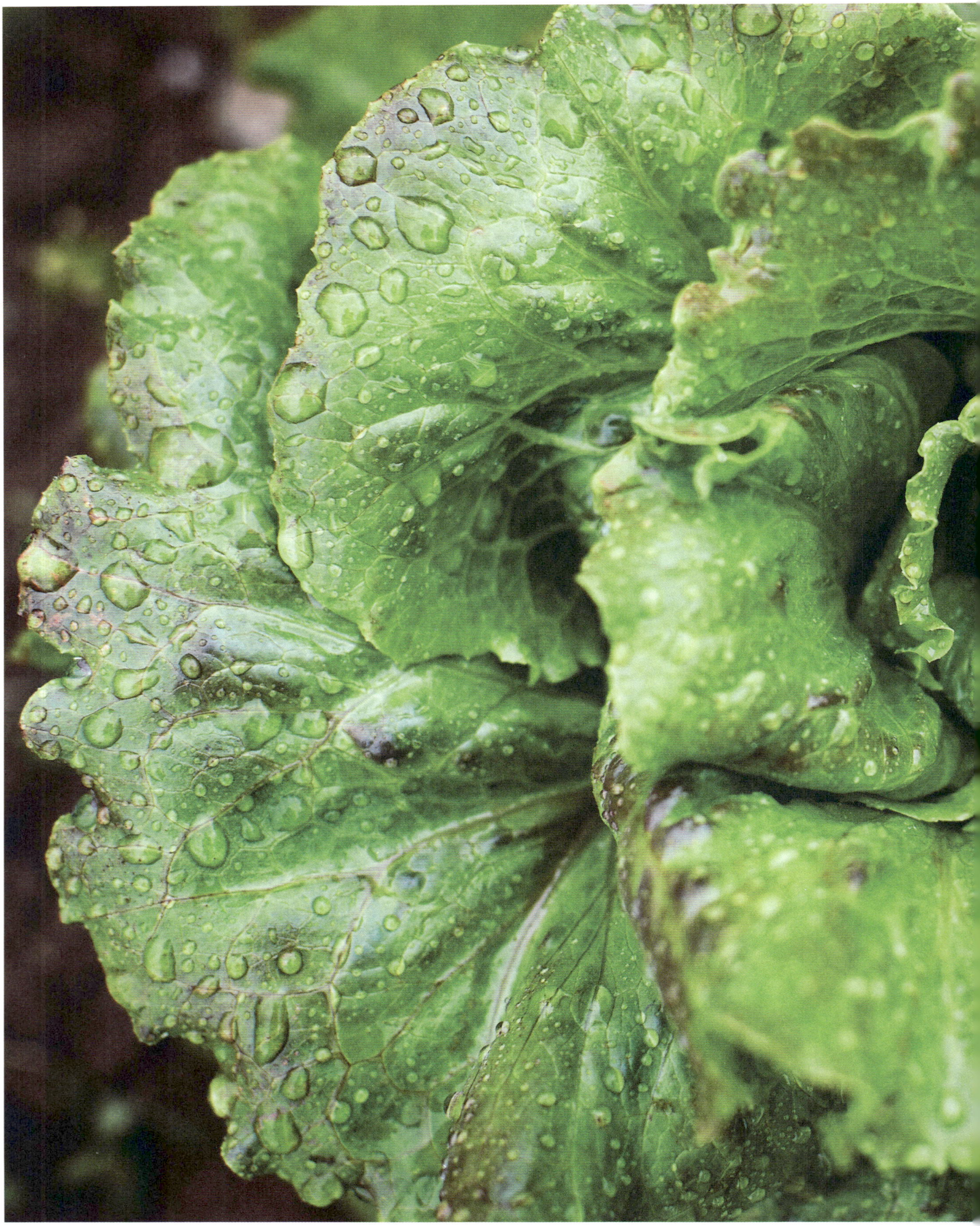

SALAT SALAT SALAT SALAT SALAT

SALAT
mit Sauerampferdressing und Granatapfel

ZUTATEN

(für 4–6 Personen)

100 g Walnusskerne

4 EL Zucker

1 kleiner Granatapfel

1 kleiner weißer Radicchio
   (alternativ normaler
   Radicchio oder ein ande-
   rer Bittersalat wie Frisée
   oder Endivie)

1 kleiner Kopfsalat

100 g Sauerampfer

Saft von 1 Zitrone

100 g griechischer
   Sahnejoghurt (10 % Fett)

1 EL Olivenöl

Salz

Pfeffer

1 Walnüsse in einer Pfanne ohne Fett anrösten. Zucker zugeben und bei milder Hitze unter Rühren schmelzen. Walnüsse auf ein Stück Backpapier geben und abkühlen lassen.

2 Granatapfelkerne auslösen. Radicchio und Kopfsalat putzen, waschen, trocken schleudern, in Stücke zupfen und in eine große Schüssel geben. Sauerampfer waschen und trocken schleudern. Die Hälfte vom Sauerampfer zum Salat geben.

3 Restlichen Sauerampfer grob klein schneiden und mit Zitronensaft, Joghurt, Öl, Salz, Pfeffer und 1 Prise Zucker in einem hohen Gefäß mit dem Schneidstab fein pürieren. Das Dressing mit Salz und Pfeffer abschmecken.

4 Walnüsse grob hacken. Salat mit dem Dressing beträufeln und mit den Walnüssen und Granatapfelkernen bestreut servieren.

Zubereitungszeit: 20 Minuten

KNÖDELAUFLAUF
mit Bohnen-Tomaten-Salat

ZUTATEN
(für 4 Personen)

300 g Brötchen, vom
  Vortag
300 ml Milch
200 g Magerquark
200 g gemischte Pilze
  (z. B. Champignons,
  Kräuterseitlinge,
  Shiitake)
5 EL Butter
200 g Zwiebeln
2 Knoblauchzehen
1 Bund Petersilie
Salz
Pfeffer
2 EL Semmelbrösel
2 Eigelb (M)
2 Eier (M)
2 EL Olivenöl
150 g Schmand

SALAT
500 g grüne Bohnen
Salz
300 g Tomaten
100 g Schalotten
2 EL Balsamessig
5 EL Olivenöl
Pfeffer

1 Brötchen in ca. 1 cm große Würfel schneiden, in eine Schüssel füllen und mit der Milch begießen. Quark in einem mit Küchenpapier ausgelegten Sieb 5 Minuten abtropfen lassen.

2 Pilze putzen, grob klein schneiden und im Küchenmixer mittelfein zerkleinern.

3 Eine Pfanne ohne Fett erhitzen. Pilze darin bei mittlerer Hitze 2 bis 3 Minuten braten. Zwiebeln fein würfeln, Knoblauch und Petersilie fein hacken.
4 EL Butter, Zwiebeln und Knoblauch zugeben und unter Rühren glasig dünsten. Petersilie zugeben, untermischen und vom Herd nehmen. Mit Salz und Pfeffer würzen und lauwarm abkühlen lassen.

4 Eine Kastenform (ca. 12 cm x 22 cm) mit der restlichen Butter fetten und mit Semmelbröseln ausstreuen.

5 Backofen auf 180 °C (Gas 3, Umluft 160 °C) vorheizen.

6 Pilz-Mischung, Eigelb, Eier und Quark zu den eingeweichten Brötchen geben und kräftig mit Salz und Pfeffer würzen. Die Zutaten zu einer gleichmäßigen Masse verkneten, in die Auflaufform füllen, leicht andrücken und mit Öl beträufeln. Im heißen Backofen auf der mittleren Schiene 75 bis 80 Minuten backen. Anschließend 15 Minuten ruhen lassen, dann aus der Form lösen und mit Schmand und dem Bohnen-Tomaten-Salat servieren.

Zubereitungszeit (inkl. Salat): 1 Stunde 50 Minuten

BOHNEN-TOMATEN-SALAT

1 Bohnen putzen und in kochendem Salzwasser 8 bis 10 Minuten garen. In ein Sieb abgießen, kalt abschrecken, abtropfen lassen und quer halbieren.

2 Tomaten fein reiben oder hacken. Schalotten in feine Streifen schneiden.

3 Essig, Öl und 3 EL Wasser verrühren und mit Salz und Pfeffer würzen. Tomaten, Bohnen und Zwiebeln zugeben, mit Salz und Pfeffer abschmecken und 20 Minuten ziehen lassen.

4 Bohnen-Tomaten-Salat zum Knödelauflauf servieren.

ZIEGENKÄSE UND AVOCADO

mit Zitronengras-Vinaigrette

ZUTATEN

(für 4 Personen)

150 g Möhren

3 Stangen Zitronengras

6 EL Olivenöl

40 g helle Sesamsaat

2 Ziegenfrischkäserollen
  (à 150 g)

1 Bio-Zitrone

Salz

Pfeffer

8 Stiele Kerbel

2 Avocados

1 TL Chiliflocken

1 Möhren schälen und in sehr feine Würfel schneiden. Zitronengras putzen und die harten äußeren Blätter entfernen. Den weißen inneren Teil sehr fein hacken.

2 1 EL Öl in einer Pfanne erhitzen. Möhren und Zitronengras darin 1 Minute dünsten, dann aus der Pfanne nehmen.

3 Sesam in einer Pfanne ohne Fett anrösten und auf einen Teller geben. Ziegenkäserollen darin wälzen.

4 Zitrone heiß abwaschen, abtrocknen und die Hälfte der Schale fein abreiben. Saft auspressen und beides mit dem restlichen Öl mischen. Möhren-Zitronengras-Mischung zugeben und mit Salz und Pfeffer würzen.

5 Kerbel klein zupfen. Avocados halbieren, schälen und quer in ca. 0,5 cm dicke Scheiben schneiden. Käserollen jeweils in 4 dicke Scheiben schneiden.

6 Avocado und Käse auf Tellern anrichten und mit der Vinaigrette beträufeln. Mit Kerbel und Chiliflocken bestreuen und servieren.

Zubereitungszeit: 30 Minuten

»HEIMATGEFÜHL, DAS IST NUR EIN ANDERES WORT FÜR GEMEINSCHAFTS-GEFÜHL. HEIMAT VERBINDET.«

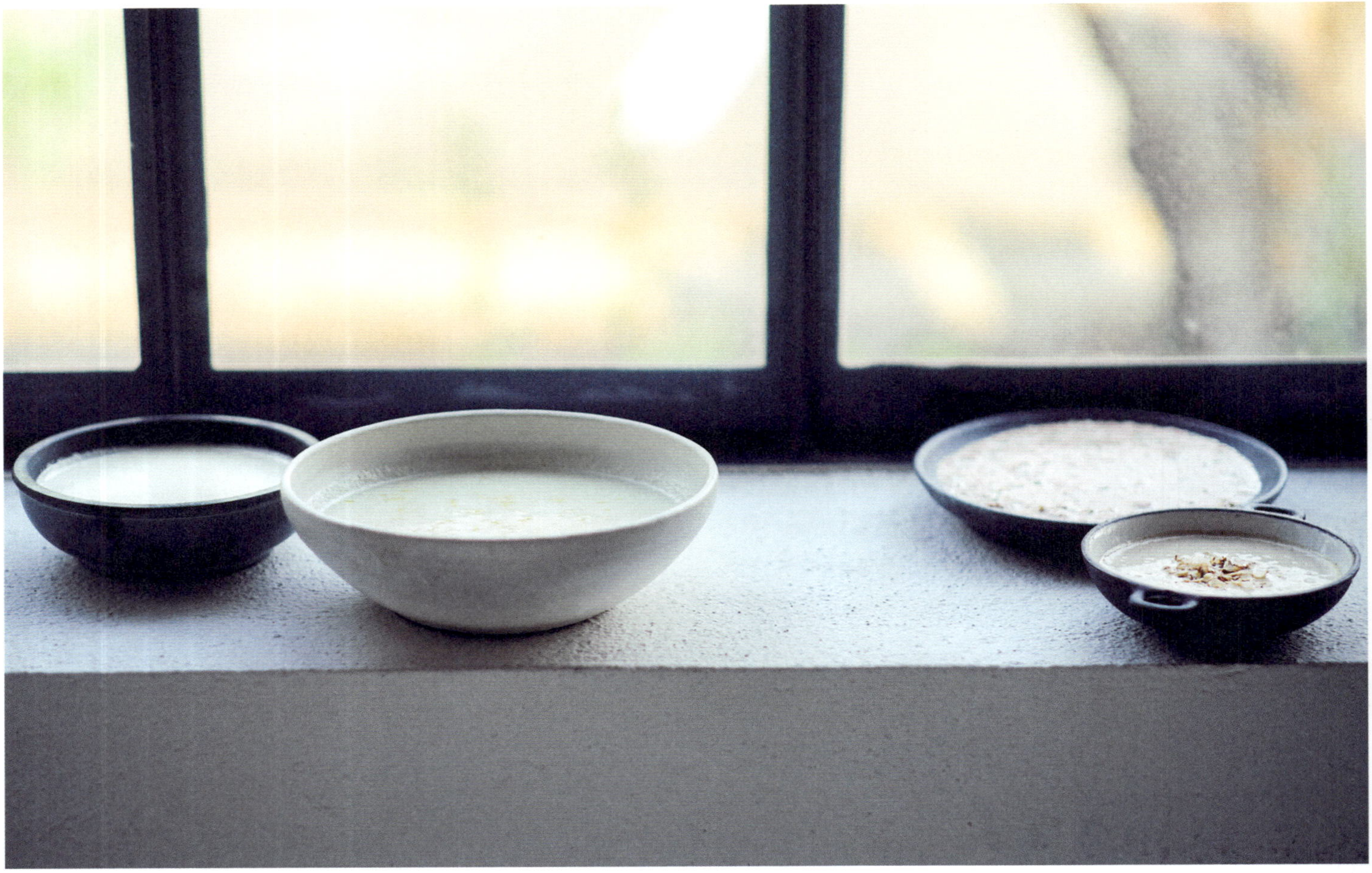

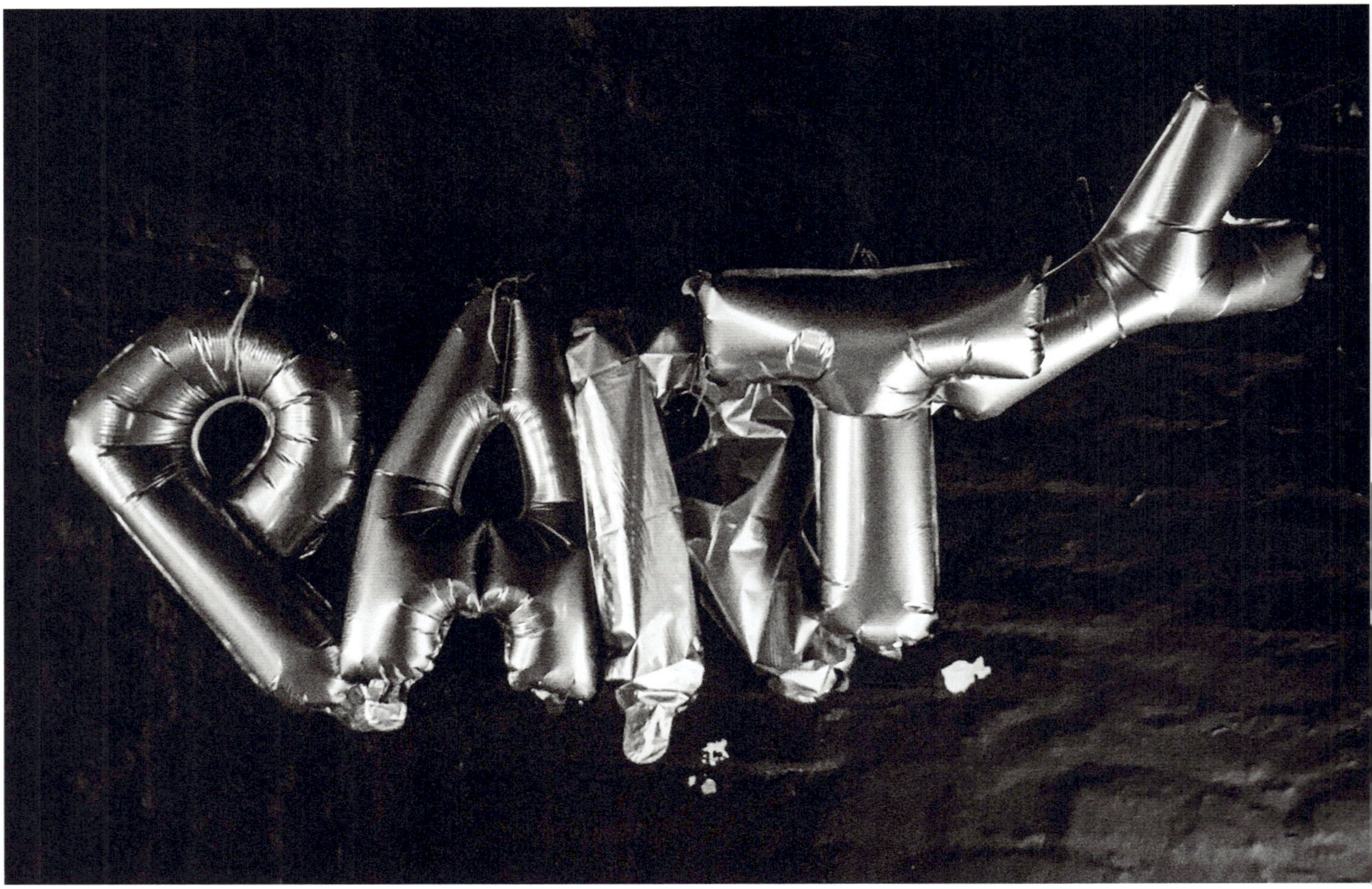

4 X DRESSING

AMERICAN-DRESSING

5 Cornichons (Gewürzgurken) | 1 rote Paprika | 1 Bund Kerbel
1 hartgekochtes Ei (M) | 80 g Ketchup | 160 g Mayonnaise
2–3 EL Cornichonlake | Salz | Pfeffer

1 Cornichons sehr fein hacken. Paprika schälen, vierteln, entkernen und fein hacken. Kerbel mit den zarten Stielen fein hacken. Ei pellen und fein hacken. **2** Ketchup und Mayonnaise mit der Cornichonlake in einer Schüssel glatt rühren. Die vorbereiteten Zutaten untermischen und mit Salz und Pfeffer abschmecken.

Zubereitungszeit: 10 Minuten

Das Dressing eignet sich sowohl für Blattsalate als auch für Salate mit Gemüse und Fleisch. Es sollte im Kühlschrank aufbewahrt und innerhalb von 2 Tagen verbraucht werden.

FRENCH-DRESSING

2 Eigelb (M) | 1 EL mittelscharfer Senf | 2 EL Weißweinessig
160 ml neutrales Öl (z. B. Distelöl) | 1 Sardellenfilet in Öl
80 g saure Sahne | 50 ml trockener Weißwein (alternativ
20 ml Weißweinessig und 30 ml Wasser) | Salz | Pfeffer

1 Eigelb, Senf und Essig in einer Schüssel mit dem Schneebesen cremig aufschlagen. Öl in einem dünnen Strahl und unter ständigem Schlagen zugeben, bis eine feste Mayonnaise entstanden ist. **2** Sardelle fein hacken und mit saurer Sahne, Wein und 50 ml Wasser untermischen. Mit Salz und Pfeffer würzen.

Zubereitungszeit: 10 Minuten

Das Dressing eignet sich sowohl für Blattsalate als auch für Salate mit Gemüse und Fleisch. Es sollte am Tag der Herstellung verbraucht werden.

👄 | Gibt man 1 fein gehackte Knoblauchzehe und 50 g Parmesan dazu, ergibt das ein schnelles Caesar-Dressing.

NUSS-DRESSING

50 g gehackte Mandeln | 1 Eigelb (M)
90 ml neutrales Öl (z. B. Distelöl)
3 EL Weißweinessig | 1 EL Sojasauce
Pfeffer | Salz | Zucker

1 Mandeln in einer Pfanne ohne Fett anrösten, abkühlen lassen und im Küchenmixer fein mahlen. Eigelb zugeben und untermixen. Öl zugeben und untermixen. Essig zugeben und untermixen. 90 ml Wasser und Sojasauce zugeben und ebenfalls untermixen. **2** Mit Pfeffer, Salz und 1 Prise Zucker würzen.

Zubereitungszeit: 15 Minuten

Das Dressing eignet sich für Salat mit gegartem Gemüse und Fleisch, für Blattsalate und Salate mit Obst. Es sollte im Kühlschrank aufbewahrt und innerhalb von 2 Tagen aufgebraucht werden.

KEFIR-DRESSING

1 Bio-Zitrone | 400 ml Kefir | 1 EL Olivenöl | 100 g Apfelmus (aus dem Glas)
Salz | Pfeffer

1 Zitrone abwaschen, die Hälfte der Schale fein abreiben und den Saft auspressen. **2** Kefir, Zitronensaft und -schale, Öl und Apfelmus verrühren und mit Salz und Pfeffer würzen.

Zubereitungszeit: 10 Minuten

Das Dressing ist ideal für grüne Blattsalate und Salate mit Obst und Beeren. Im Kühlschrank hält es ca. 1 Woche.

ENDIVIENSALAT
mit Himbeerdressing

ZUTATEN

(für 4 Personen)

200 g Himbeeren
3 EL Walnussöl
2 EL Olivenöl
5 EL Apfel-Balsamessig
(ersatzweise Balsam-
essig)
1 TL Zucker
Salz
Pfeffer
1 Kopf Endiviensalat

1 Himbeeren verlesen und waschen. Die Hälfte der Himbeeren durch ein feines Sieb in eine Schüssel streichen. Walnuss- und Olivenöl, Balsamessig, Zucker, Salz und Pfeffer dazugeben, verrühren und mit Salz und Pfeffer abschmecken.

2 Salat im Ganzen putzen, waschen (am besten in stehendem Wasser) und im Geschirrtuch trocken schleudern. Salat in einer Schale mit dem Dressing beträufeln, mit den restlichen Himbeeren bestreuen und servieren.

Zubereitungszeit: 10 Minuten

👄 | Natürlich passt das Dressing auch zu allen anderen Salaten, aber gerade für bittere Sorten ist es ideal.

MEINE ♥ DEINE
MUDDA MUDDA

KLÖSSE

Klöße sind beige bis hellgelb und tennisballgroß. Wie der Tennisball haben sie ihre beste Zeit in Deutschland leider hinter sich.

Dabei weckt der Kloß ähnlich wie der Tennisball die schönsten Erinnerungen: an große Festtage wie Weihnachten oder Ostern, Feiern in Gemeinschaft, aber auch an ganz gewöhnliche Sonntage, an denen die ganze Familie am Mittagstisch zusammensaß. »Ein Sonntag ohne Klöße verliert viel von seiner Größe«, sagt ein thüringisches Sprichwort.

Die Sprachgrenze zwischen Kloß und Knödel verläuft in Deutschland ungefähr entlang des Mains. Südlich gibt es vor allem Knödel, nördlich Klöße. Die Tschechen nennen ihre Knödel Knedlík, die Franzosen Quenelles, die Schweden Kroppkaka. Auch Österreicher und Polen blicken auf eine große Teigball-Tradition.

Dass der Kloß in Deutschland dennoch seine beste Zeit hinter sich hat, dürfte daran liegen, dass es aufwendig ist, ihn selbst in Handarbeit herzustellen. Zu aufwendig für zu Hause, zu aufwendig auch für die meisten Restaurants. Der selbstgemachte Kloß ist vom Aussterben bedroht.

Zum Verhängnis geworden sein könnte ihm zudem, dass er so ein wackeres Kerlchen ist, mit einer durch und durch gemütlichen Ausstrahlung: warm und weich und wabbelig, eine runde Sache. Der Dicke im Hörspielklassiker TKKG heißt Klößchen.

In unsere nährwertoptimierte Zeit scheint das nicht mehr so recht zu passen. Der Kloß ist eine klassische Sättigungsbeilage: ein Schwamm, um die Soße des Bratens aufzusaugen. In einer satten Gesellschaft ist kein Platz für Sattmacher.

Das Wort Beilage nutzen wir so selbstverständlich, dass wir gar nicht bemerken, wie seltsam es ist. Die Beilage zum Hauptgericht, das bedeutet auch, dass es eine klare Hierarchie auf dem Teller gibt, dass sich die eine Zutat der anderen unterordnet. Der Mensch, hat der Entertainer und Schriftsteller Heinz Strunk mal gesagt, ist kein Beilagenesser.

Der Thüringer ist es schon. Aber Thüringer Klöße sind auch die Beilage, die die meisten Hauptgerichte übertrumpft. Probieren Sie es aus.

SALAT VON GEGRILLTEN ZUCCHINI
mit Erbsen, Bohnen und Minze

ZUTATEN
(für 4 Personen)

300 g grüne Bohnen
Salz
200 g TK-Erbsen
2 gelbe Zucchini
8 EL Olivenöl
5 Stiele Minze
1 Schalotte
2 EL Balsamessig
Pfeffer

1 Bohnen putzen, waschen und in kochendem Salzwasser 8 bis 10 Minuten bissfest garen. Erbsen 2 Minuten vor Ende der Garzeit zugeben. Bohnen und Erbsen in ein Sieb abgießen, kalt abschrecken und abtropfen lassen.

2 Zucchini in ca. 0,5 cm dünne Scheiben schneiden, in einer Schüssel mit 3 EL Öl mischen und mit Salz würzen. Eine Grillpfanne (funktioniert auch in jeder anderen Pfanne) erhitzen und die Scheiben darin portionsweise 1 bis 2 Minuten auf jeder Seite bei starker Hitze braten. Anschließend auf einen Teller geben und beiseitestellen.

3 Minzeblätter abzupfen und die Hälfte fein hacken. Schalotte in dünne Ringe schneiden. Restliches Öl und Essig verrühren, gehackte Minze zugeben und mit Salz und Pfeffer würzen.

4 Bohnen, Erbsen und Zucchini mit der Vinaigrette mischen. Mit Salz und Pfeffer abschmecken, mit den restlichen Minzeblätter bestreuen und servieren.

Zubereitungszeit: 30 Minuten

»HAMBURG SCHMECKT WIE EIN BISTRO: EINFACHE, HANDWERKLICH SEHR GUT GEMACHTE GERICHTE, ABER IN EINER ETWAS FEINEREN VARIANTE. DA IST IMMER EIN BISSCHEN MEHR DRIN, EIN INTERNATIONALER HAUCH, EIN BISSCHEN PFEFFERSACK. KAUFMÄNNISCHE KULINARIK.«

KARTOFFELSALAT
nach Art des Winzers

ZUTATEN
(für 4 Personen)

1 kg Kartoffeln
(festkochend)
1 TL Kümmel
Salz
40 g Pinienkerne
100 g Bacon-Scheiben
100 g helle Trauben
50 g Radicchio
150 ml Hühnerbrühe
100 ml Weißweinessig
2 Prisen Muskatnuss
8 Blätter frischer
Liebstöckel
30–40 ml Traubenkernöl
Pfeffer

1 Kartoffeln ungeschält mit dem Kümmel in Salzwasser garen. Das dauert je nach Größe 20 bis 30 Minuten. Abgießen und abkühlen lassen.

2 Pinienkerne in einer Pfanne ohne Fett bei mittlerer Hitze unter Rühren goldbraun rösten. Bacon in dünne Stifte schneiden und in einer Pfanne knusprig auslassen. Trauben waschen und in Scheiben schneiden. Radicchio waschen, trocken schleudern und in ca. 0,5 cm breite Streifen schneiden.

3 Kartoffeln pellen. Hühnerbrühe aufkochen, Essig, 1 TL Salz und Muskat zugeben und in eine Schüssel füllen. Kartoffeln in Scheiben schneiden, nach und nach in die warme Essig-Brühe geben und leicht sämig rühren.

4 Liebstöckel fein hacken, mit dem Speck und den Weintrauben zum Kartoffelsalat geben und 30 Minuten ziehen lassen.

5 Traubenkernöl, Radicchio und Pinienkerne zugeben und untermischen. Mit Salz und Pfeffer abschmecken und servieren.

Zubereitungszeit: 1 Stunde 20 Minuten

👄 | Schmeckt super zu gratiniertem Ziegenkäse.

HACK

KARTOFFEL-HACK-TORTE

ZUTATEN
(für 4–6 Personen)

2 Brötchen, vom Vortag
200 ml Sahne
100 g Zwiebeln
3 EL Butter
Salz
700 g Kartoffeln
(festkochend)
800 g gemischtes Hack-
fleisch
3 Eier (M)
1 EL getrockneter Oregano
1 EL rosenscharfes Papri-
kapulver
2 EL Semmelbrösel
Pfeffer
4 EL Olivenöl
Meersalzflocken
100 g Bergkäse, gerieben
3 EL Schnittlauchröllchen

1 Brötchen in dünne Scheiben schneiden und mit Sahne und 100 ml Wasser in einer Schüssel 20 Minuten einweichen. Zwiebeln fein würfeln und in 1 EL Butter glasig dünsten. Zum Abkühlen auf einen Teller geben.

2 Wasser in einem Topf mit 1 Prise Salz zum Kochen bringen. Kartoffeln schälen und in ca. 2 mm dünne Scheiben hobeln oder schneiden. Kartoffeln im kochenden Wasser 2 Minuten garen, in ein Sieb abgießen, kalt abschrecken und abtropfen lassen. Anschließend auf ein Küchentuch geben und trocken tupfen.

3 Eingeweichte Brötchen mit den Händen fein zerdrücken. Brötchenmasse, Hack, Eier, Zwiebeln, Oregano, Paprikapulver und Semmelbrösel in einer Schüssel mischen und kräftig mit Salz und Pfeffer würzen. Die Zutaten 8 bis 10 Minuten zu einem glatten Teig verkneten.

4 Backofen auf 200 °C (Gas 4, Umluft 180 °C) vorheizen.

5 Einen runden, schweren Schmortopf (am besten aus Gusseisen, 22 cm Durchmesser) mit 2 EL Öl einfetten und mit einem Stück Backpapier auslegen. Dadurch lässt sich die Torte später gut aus dem Topf heben. 2 EL Öl und 1/2 TL Meersalzflocken auf dem Backpapier verteilen.

6 2/3 der Kartoffelscheiben auf dem Topfboden verteilen und mit 1 Prise Meersalzflocken und der Hälfte vom Käse bestreuen. Den Hackteig darauf verteilen, glatt streichen und mit dem restlichen Käse bestreuen. Die übrigen Kartoffelscheiben überlappend auf dem Käse verteilen und mit der restlichen Butter in Flöckchen belegen.

7 Im heißen Backofen auf der mittleren Schiene 2 Stunden garen. Evtl. noch einmal kurz unter dem Backofengrill gratinieren. Topf aus dem Ofen nehmen und 5 Minuten ruhen lassen. Die Torte aus dem Topf heben, mit Schnittlauch bestreuen und servieren.

Zubereitungszeit: 2 Stunden 40 Minuten

HANDROLLE VON SPITZKOHL UND KALB
mit Meerrettich-Joghurt

ZUTATEN

(für 4–6 Personen)

2 EL Butter

3 Schalotten

3 Stiele Petersilie

800 g Kalbshackfleisch

2 Eier (M)

1 EL Senf

50 ml Sahne

2–3 EL Semmelbrösel

1 EL Haselnussöl (optional)

Salz

Pfeffer

1 Spitzkohl, davon 10 größere Blätter (restlichen Spitzkohl z. B. zu Salat weiterverarbeiten)

60 g Butterschmalz

125 g griechischer Sahnejoghurt (10 % Fett)

40 g Meerrettich, frisch gerieben

1–2 TL Zitronensaft

1 Butter in einer Pfanne erhitzen. Schalotten fein würfeln und darin glasig dünsten. Petersilie mit den Stielen fein hacken, zugeben, kurz mitdünsten und anschließend zum Abkühlen auf einen flachen Teller geben.

2 Hack, Eier, Senf, Sahne, Schalotten-Mischung, Semmelbrösel und Haselnussöl in einer Schüssel mischen und kräftig mit Salz und Pfeffer würzen. Die Zutaten 8 bis 10 Minuten zu einem glatten Teig verkneten. Aus der Hackmasse mit angefeuchteten Händen 20 längliche Buletten formen und abgedeckt 30 Minuten kalt stellen.

3 Reichlich Wasser in einem großen Topf aufkochen und kräftig salzen.

4 Spitzkohlblätter ablösen und 1 Minute im kochenden Salzwasser garen. Kohlblätter kalt abschrecken und trocken tupfen. Blätter längs der dicken Blattrippe halbieren und dabei die Blattrippe entfernen.

5 Butterschmalz in einer großen Pfanne erhitzen und die Buletten darin bei mittlerer Hitze 8 bis 10 Minuten rundherum goldbraun braten (sollte die Pfanne nicht groß genug sein, die Buletten in mehreren Portionen braten).

6 Joghurt mit Salz, Meerrettich und Zitronensaft verrühren. Buletten jeweils in ein halbiertes Kohlblatt wickeln und mit dem Meerrettich-Joghurt servieren.

Zubereitungszeit: 50 Minuten

»HEIMAT IN DEUTSCHLAND, DAS WAR NUR ETWAS FÜR SENIOREN IN DER PROVINZ. DAS WAREN SOCKEN IN SANDALEN UND DRAUSSEN NUR KÄNNCHEN. HEUTE IST DAS ANDERS, HEUTE IST HEIMAT HIP.«

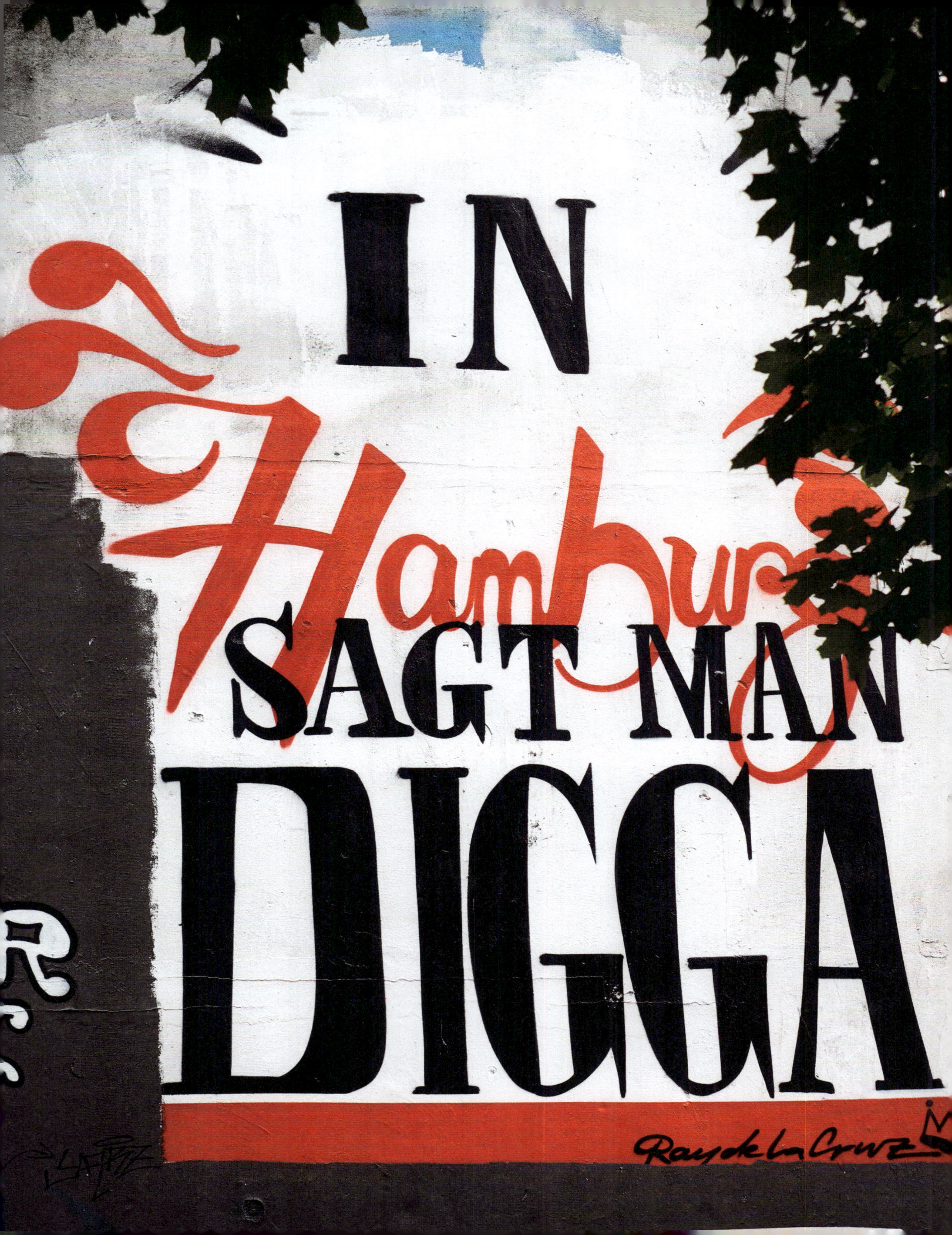
IN
Hamburg
SAGT MAN
DIGGA
Ray de la Cruz

KÄSE-HACKBRATEN
mit Dörrpflaumen und cremigem Lauch

ZUTATEN
(für 6 Personen)

250 g Schalotten
2 Knoblauchzehen
2 EL Öl
6 Stiele Petersilie
200 ml Riesling
200 g Gouda
200 g Emmentaler
150 g Backpflaumen
1 kg gemischtes Hackfleisch
100 ml Sahne
1 TL Cayennepfeffer
80 g Semmelbrösel
Salz
Pfeffer
Muskatnuss
60 g Butter
4 Zweige Rosmarin

LAUCHGEMÜSE

1,2 kg Lauch
Salz
250 g Sahne
3 EL Olivenöl
Pfeffer
Muskatnuss
1–2 TL Zitronensaft

1 Schalotten und Knoblauch fein hacken und im Öl glasig dünsten. Petersilie hacken, zugeben, kurz mitdünsten und mit Weißwein ablöschen. Vollständig abkühlen lassen.

2 Käse in ca. 1 cm große Würfel schneiden. Backpflaumen halbieren.

3 Hack, Sahne, Cayennepfeffer, Riesling-Mischung und 60 g Semmelbrösel in einer Schüssel mischen und kräftig mit Salz, Pfeffer und Muskat würzen. Die Zutaten 8 bis 10 Minuten zu einem glatten Teig verkneten. Käse und Backpflaumen untermischen und abgedeckt 20 Minuten kalt stellen.

4 Backofen auf 180 °C (Gas 3, Umluft 160 °C) vorheizen.

5 Eine Auflaufform (ca. 20 cm x 30 cm) mit 20 g Butter einfetten und mit den restlichen Semmelbröseln ausstreuen. Hackmasse hineingeben, glatt streichen und mit Rosmarin und der restlichen Butter in Flöckchen belegen. Im heißen Backofen für 50 Minuten backen. Dann die Temperatur auf 200 °C (Gas 4, Umluft 180 °C) erhöhen und weitere 10 Minuten backen.

6 Den Hackbraten aus dem Ofen nehmen, 5 Minuten ruhen lassen und aus der Form stürzen.

Zubereitungszeit: 1 Stunde 40 Minuten

CREMIGES LAUCHGEMÜSE

1 Wasser in einem Topf zum Kochen bringen. Lauch putzen, waschen und in ca. 1/2 cm dicke Ringe schneiden. Wasser salzen und den Lauch darin 2 Minuten garen. Dann in ein Sieb abgießen, kalt abschrecken und abtropfen lassen.

2 Sahne steif schlagen. Öl in einer großen Pfanne erhitzen. Lauch darin 2 bis 3 Minuten bei mittlerer Hitze dünsten. Sahne zugeben, unterheben und mit Salz, Pfeffer und Muskat würzen. Mit Zitronensaft abschmecken und zum Käse-Hackbraten servieren.

Zubereitungszeit: 15 Minuten

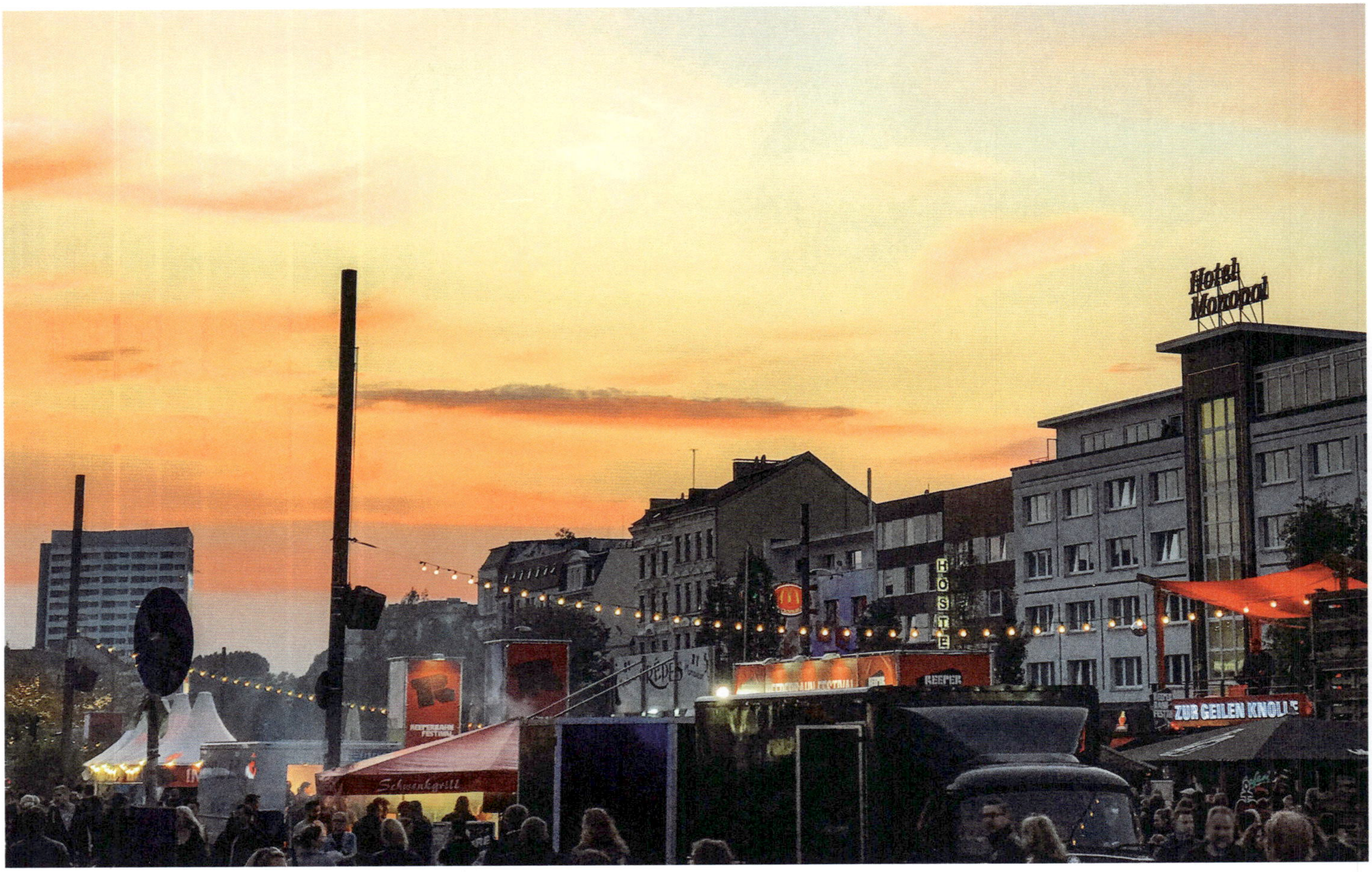
Hotel Monopol
ZUR GEILEN KNOLLE

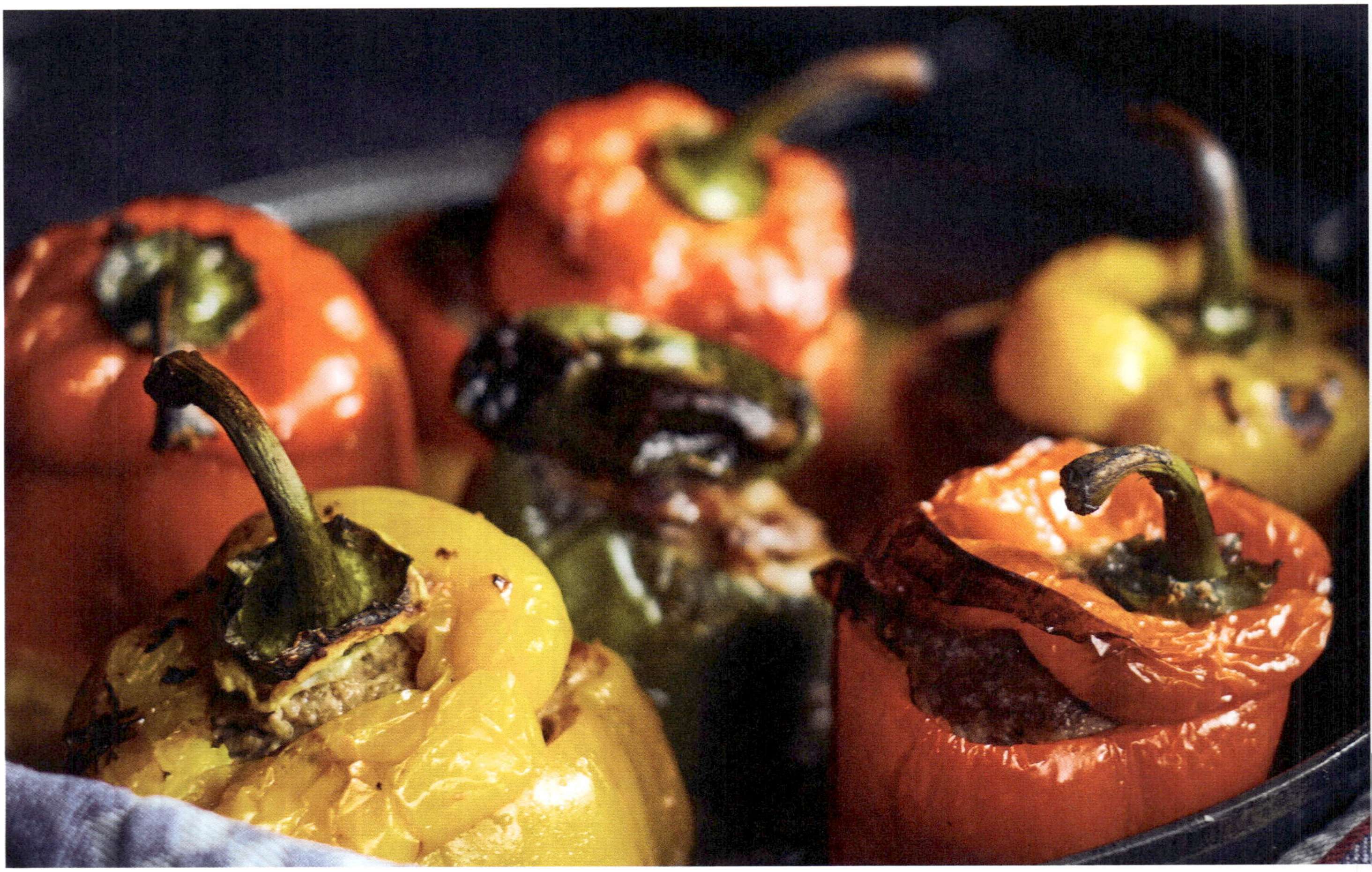

GEFÜLLTE PAPRIKA

ZUTATEN
(für 4–6 Personen)

2 Brötchen, vom Vortag
250 g Zwiebeln
2 Knoblauchzehen
1 EL Butter
2 EL edelsüßes Paprikapulver
1 TL rosenscharfes Paprikapulver
1 EL getrockneter Majoran
800 g gemischtes Hackfleisch
6 mittelgroße Paprikaschoten
3 Eier (M)
1–2 EL Semmelbrösel (optional)
Salz
Pfeffer
4 EL Olivenöl
500 ml Hühnerbrühe

1 Brötchen in dünne Scheiben schneiden und in einer Schüssel knapp mit lauwarmem Wasser bedeckt ca. 10 Minuten einweichen.

2 Zwiebeln und Knoblauch fein würfeln. Butter in einer Pfanne schmelzen und aufschäumen lassen. Zwiebeln und Knoblauch darin farblos andünsten. Beide Sorten Paprikapulver und Majoran zugeben und vom Herd ziehen.

3 Das Hackfleisch in eine große Schüssel geben und 5 Minuten mit den Händen kräftig durchkneten. Durch das Kneten bekommt das Hack später eine feinere Konsistenz.

4 Paprika waschen, die Deckel abschneiden. Kerne und Trennhäute entfernen. Die Unterseite mit dem Messer leicht begradigen, damit sie nicht umfallen.

5 Backofen auf 180 °C (Gas 3, Umluft 160 °C) vorheizen.

6 Die eingeweichten Brötchen in einem Sieb abtropfen lassen, vorsichtig ausdrücken und zum Hack geben. Abgekühlte Zwiebelmischung, Eier und Semmelbrösel zugeben und kräftig mit Salz und Pfeffer würzen. Die Masse nun nochmals 8 bis 10 Minuten zu einem glatten Teig verkneten. Den Hackteig in 6 Portionen teilen.

7 Paprika innen leicht salzen und pfeffern und mit dem Hackteig füllen, in eine Auflaufform geben und mit Olivenöl beträufeln. Die Deckel neben die Schoten legen. Die Brühe aufkochen und zugeben.

8 Im heißen Backofen 45 bis 50 Minuten garen. Die Deckel 10 Minuten vor Ende der Garzeit auf die Schoten setzen. Heiß servieren.

Zubereitungszeit: 1 Stunde 20 Minuten

👄 | Dazu passen Salzkartoffeln oder Reis.

CEVAPCICI VOM LAMM
mit Kichererbsenpüree (Hummus)

ZUTATEN
(für 4 Personen)

3 Knoblauchzehen
400 g Lammhackfleisch
1 Ei (M)
75 g Joghurt
1 TL Chiliflocken
1 Prise gemahlener Kreuz-
  kümmel
1 TL getrocknete Minze
2 EL Semmelbrösel
Salz
Pfeffer
1 Dose Kichererbsen
  (400 g EW)
120 ml Olivenöl
5 EL Zitronensaft
2 EL Ahornsirup
12 Stiele Petersilie
8 Stiele Minze
2 Tomaten
1 rote Zwiebel

1 Knoblauch fein hacken. Mit Hackfleisch, Ei, Joghurt, Chiliflocken, Kreuzkümmel, getrockneter Minze und Semmelbröseln in einer Schüssel mischen und kräftig mit Salz und Pfeffer würzen. Die Zutaten 8 bis 10 Minuten zu einem glatten Teig verkneten. Aus der Hackmasse mit angefeuchteten Händen 20 längliche Buletten formen und abgedeckt 30 Minuten kalt stellen.

2 Kichererbsen in einem Sieb abspülen und abtropfen lassen. Mit 100 ml Öl, 3 EL Zitronensaft, Ahornsirup und 1 TL Salz in der Küchenmaschine sehr fein pürieren.

3 Blätter von Petersilie und Minze abzupfen. Tomaten in kleine Würfel schneiden. Zwiebel in feine Streifen schneiden. Beides mit den Kräuterblättern in einer Schüssel mischen und mit dem restlichen Zitronensaft beträufeln.

4 Eine Grillpfanne leicht mit Öl bestreichen. Die Cevapcici darin portionsweise rundherum 5 bis 6 Minuten goldbraun braten.

5 Hummus mit dem Salat und den Cevapcici anrichten, mit dem restlichen Olivenöl beträufeln und servieren.

Zubereitungszeit: 50 Minuten

SLOPPY JOE

mit Chorizo-Hack

ZUTATEN

(für 6 Personen)

1 Dose geschälte Tomaten
   (400 g EW)

1 Bund Frühlingszwiebeln

400 g Chorizo (spanische
   Wurst)

600 g Rinderhackfleisch

60 g Butter

1 TL scharfer Senf

1 EL getrockneter Oregano

6 Gewürzgurken

1 große Ochsenherz-
   Tomate (ca. 300 g)

2 rote Zwiebeln

40 g Mesclun-Salat
   (Mischung verschiedener
   Blattsalate)

2–3 EL Gewürzgurkenlake

6 Burgerbrötchen

60 g Parmesan, am Stück

Salz

Pfeffer

1 Dosentomaten im Sieb abspülen, abtropfen lassen und fein hacken. Frühlingszwiebeln putzen und in dünne Scheiben schneiden. Chorizo in ca. 1 cm große Würfel schneiden und in einer Pfanne ohne Fett rundherum knusprig braten. Hackfleisch zugeben und unter Rühren krümelig braten. Butter und Frühlingszwiebeln zugeben und glasig dünsten. Gehackte Tomaten, Senf und Oregano hinzufügen und bei milder Hitze 20 bis 25 Minuten unter gelegentlichem Rühren garen.

2 Inzwischen Gewürzgurken, Tomate und Zwiebeln in Scheiben schneiden. Salat waschen, trocken schleudern und mit der Gewürzgurkenlake vermengen. Burgerbrötchen quer aufschneiden und im Ofen oder in einer Pfanne ohne Fett rösten.

3 Parmesan fein reiben und zur Hackmischung geben. Mit Salz und Pfeffer abschmecken. Die Burgerbrötchen mit Hack, Gewürzgurken, Tomate, Zwiebeln und Salat belegen und servieren.

Zubereitungszeit: 1 Stunde

Der ultimative

STECKRÜBEN-EINTOPF
mit Hackbällchen

ZUTATEN

(für 4–6 Personen)

6 EL Olivenöl

3 Schalotten

125 g Bacon

600 g gemischtes Hack-
fleisch

2 Eier (M)

50 ml Sahne

3 EL Semmelbrösel

1 EL getrockneter
Estragon

1 EL Senf

Salz

Pfeffer

500 g Kartoffeln
(festkochend)

700 g Steckrübe

300 g Möhren

3 Lorbeerblätter

1 TL Kümmelsaat

1 Prise Muskatnuss

1,2 l Hühnerbrühe

1 EL Butter

3 Stiele Petersilie

1 1 EL Öl in einer Pfanne erhitzen. Schalotten und Bacon fein würfeln und darin glasig dünsten. Anschließend zum Abkühlen auf einen flachen Teller geben.

2 Hack, Eier, Sahne, Semmelbrösel, Estragon, Senf und Schalotten-Mischung in einer Schüssel mischen und kräftig mit Salz und Pfeffer würzen. Die Zutaten 8 bis 10 Minuten zu einem glatten Teig verkneten. Aus der Hackmasse mit angefeuchteten Händen 20 tischtennisballgroße Bällchen formen und abgedeckt 30 Minuten kalt stellen.

3 Inzwischen Kartoffeln schälen und in 2 cm große Würfel schneiden. Steckrübe und Möhren schälen und in ca. 1 cm große Würfel schneiden.

4 3 EL Öl in einem Topf erhitzen und das Gemüse darin glasig dünsten. Lorbeerblätter, Kümmelsaat und Muskat zugeben und kurz mitdünsten. Mit der Brühe auffüllen, salzen, pfeffern, aufkochen und bei mittlerer Hitze 25 bis 30 Minuten mit halb geschlossenem Deckel garen.

5 Restliches Öl und Butter in einer Pfanne erhitzen und die Hackbällchen darin rundherum 5 bis 6 Minuten braten. Hackbällchen zum Eintopf geben und zugedeckt 10 Minuten mitgaren.

6 Petersilie fein hacken, Eintopf in tiefen Tellern anrichten, mit Petersilie bestreuen und servieren.

Zubereitungszeit: 1 Stunde 20 Minuten

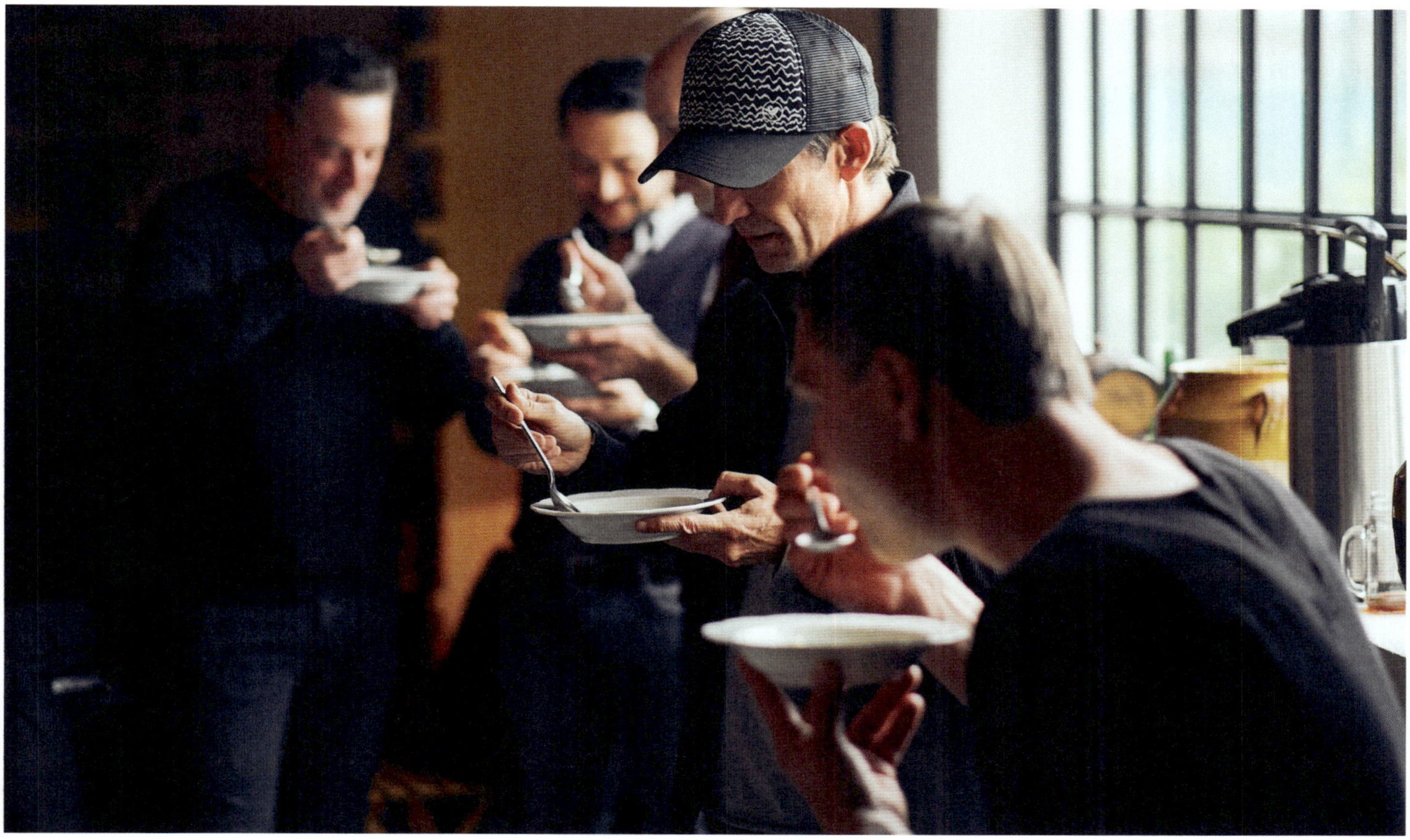
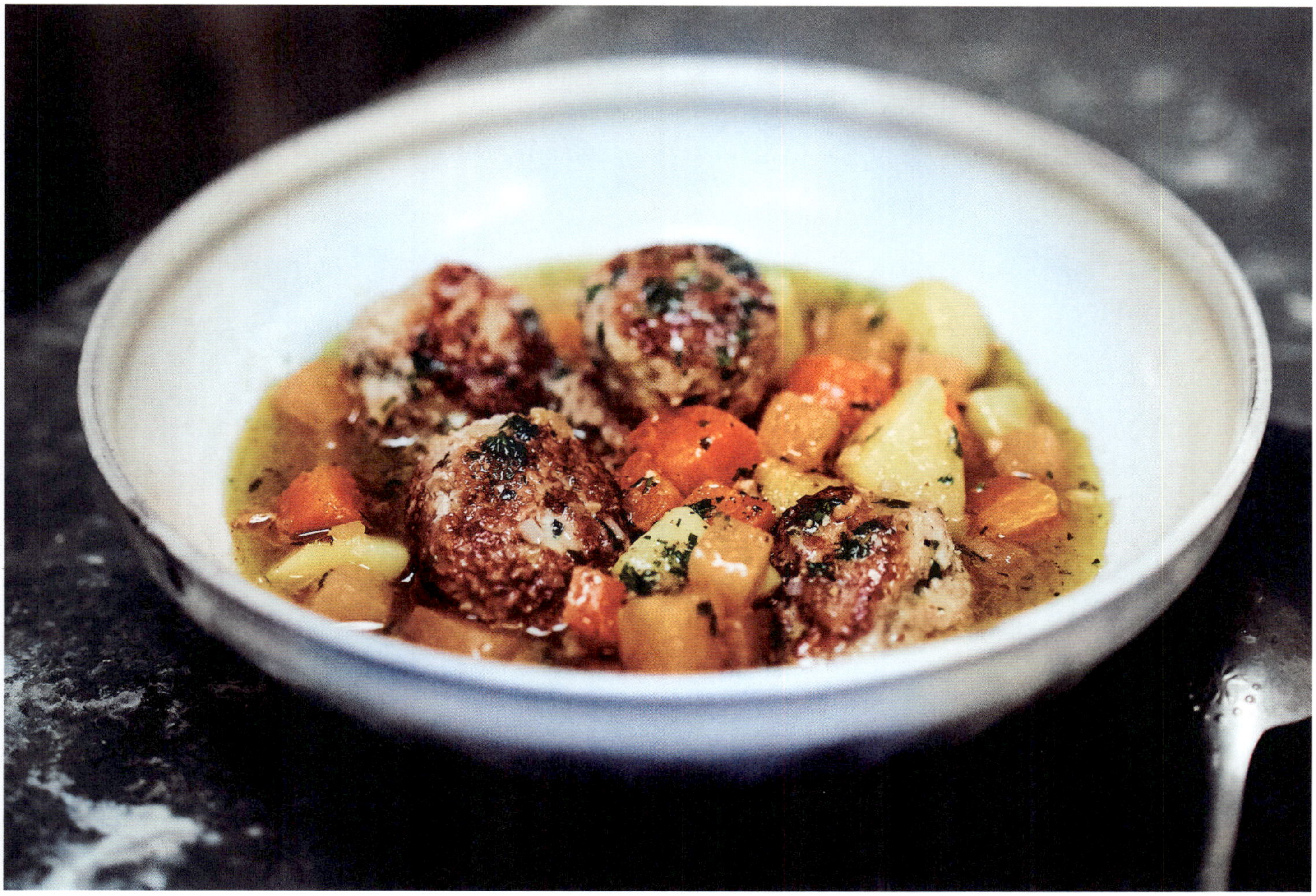

»HACKFLEISCHBÄLL-CHEN SCHMECKEN FAST JEDEM. WAS DAR-AN LIEGT, DASS HACK KAUM NACH FLEISCH SCHMECKT. ES NIMMT DEN GESCHMACK DER GEWÜRZE, SOSSEN UND BEILAGEN AN, DIE MIT IHM KOMBINIERT WERDEN.«

KÖNIGSBERGER KLOPSE
nach Art der Abruzzen mit Olivenreis

ZUTATEN

(für 4–6 Personen)

3 Scheiben Toastbrot
 (ca. 120 g)
100 ml Sahne
30 g getrocknete Tomaten
2 Zwiebeln
2 Knoblauchzehen
2 EL Olivenöl
100 ml trockener Weißwein
50 g Pinienkerne
5 Stiele Petersilie
2 Sardellenfilets in Öl
40 g Parmesan, am Stück
1 Dose geschälte Tomaten
 (400 g EW)
50 g weiche Butter
50 g Mehl
700 g Kalbshackfleisch
1 Ei (M)
1 Eigelb (M)
Salz
Pfeffer
1 l Hühnerbrühe
Cayennepfeffer
4 Stiele Basilikum

OLIVENREIS

250 g Basmatireis
150 g grüne und schwarze
Oliven
2 EL Butter
Salz, Pfeffer

1 Toastbrot ohne Farbe toasten, fein würfeln und in einer Schüssel mit der Sahne begießen. Getrocknete Tomaten und Zwiebeln fein würfeln. Knoblauch fein hacken. Öl in einer Pfanne erhitzen. Getrocknete Tomaten, Zwiebeln und Knoblauch darin glasig dünsten. Mit Weißwein ablöschen, fast vollständig einkochen und zum Toastbrot geben.

2 Pinienkerne in einer Pfanne ohne Fett anrösten, abkühlen lassen und grob hacken. Petersilie und Sardellen fein hacken. Käse fein reiben. Tomaten in einem Sieb abspülen und abtropfen lassen. Butter und Mehl verkneten und kalt stellen.

3 Hack, Toastbrotmischung, Pinienkerne, Petersilie, 20 g Käse, Ei und Eigelb in einer Schüssel mit Salz und Pfeffer würzen und 6 bis 8 Minuten mit den Händen verkneten. Mit leicht geölten Händen 24 Klopse formen.

4 Brühe in einem Topf aufkochen und die Klopse darin bei niedriger Hitze 8 bis 10 Minuten ziehen lassen. Anschließend mit einer Schaumkelle aus dem Topf nehmen und beiseitestellen.

5 Tomaten in die Brühe geben, mit dem Schneidstab fein pürieren und aufkochen. Mehlbutter zugeben und mit dem Schneidstab untermixen. Bei mittlerer Hitze 5 Minuten offen köcheln lassen, dabei mit Salz und Cayennepfeffer würzen. Klopse zugeben und bei niedriger Hitze 8 bis 10 Minuten in der Sauce erwärmen. Basilikumblätter abzupfen.

6 Die Klopse mit dem Olivenreis (siehe Rezept) anrichten und mit Basilikum und dem restlichen Käse bestreut servieren.

Zubereitungszeit (inkl. Reis): 1 Stunde 20 Minuten

OLIVENREIS

1 Reis nach Packungsanweisung in kochendem Wasser bissfest garen.

2 Inzwischen Olivenfruchtfleisch vom Stein schneiden und grob hacken.

3 Reis abgießen. Butter in einer Pfanne erhitzen und die Oliven darin 1 bis 2 Minuten bei mittlerer Hitze andünsten. Reis zugeben und unter gelegentlichem Schwenken 5 Minuten bei mittlerer Hitze dünsten.

4 Mit Salz und Pfeffer würzen und zu den Klopsen servieren.

ROTE-BETE-CREMESUPPE
mit Walnüssen und Frühlingszwiebeln

ZUTATEN

(für 4 Personen)

700 g Rote Bete
40 g Ingwer
3 kleine Äpfel
2 Zwiebeln
3 EL Butter
1,2 l Gemüsebrühe
Salz
8 Walnusskerne
4 Frühlingszwiebeln
Pfeffer
2 EL Zitronensaft
1 EL Olivenöl

1 Rote Bete schälen und grob würfeln. Ingwer schälen und in Scheiben schneiden. Zwei Äpfel vom Kerngehäuse schneiden und grob würfeln. Zwiebeln grob würfeln.

2 Butter in einem Topf erhitzen und das vorbereitete Gemüse darin unter gelegentlichem Rühren zehn Minuten dünsten. Brühe und Salz zugeben und 30 Minuten kochen.

3 Inzwischen Walnüsse fein schneiden. Frühlingszwiebeln putzen, längs halbieren und in ca. 4 cm lange Stücke schneiden.

4 Suppe in der Küchenmaschine sehr fein pürieren, mit Salz und Pfeffer abschmecken, zurück in den Topf geben und warm halten. Restlichen Apfel fein reiben und mit Zitronensaft mischen.

5 Olivenöl in einer Pfanne erhitzen und die Frühlingszwiebeln darin 1 bis 2 Minuten rundherum scharf anbraten.

6 Die Suppe in tiefen Tellern anrichten, mit Walnüssen, geriebenem Apfel und den Frühlingszwiebeln bestreuen und servieren.

Zubereitungszeit: 1 Stunde

LINSENEINTOPF
mit Räucherrippchen und Lorbeeröl

ZUTATEN
(für 4–6 Personen)

800 g Räucherrippchen
Salz
400 g Berglinsen
200 g Zwiebeln
200 g Möhren
200 g Staudensellerie
200 g Lauch
1 kleine rote Pfefferschote
3 Knoblauchzehen
4 EL Olivenöl
2 Lorbeerblätter
Pfeffer

LORBEERÖL
250 ml Traubenkernöl
30 g frische Lorbeerblätter
1 Bund Petersilie
2 Streifen Bio-Zitronen-
   schale
10 Wacholderbeeren

1 Rippchen halbieren, in einen großen Topf geben, mit ca. 2 l Wasser auffüllen (die Rippchen sollten mit Wasser bedeckt sein). 1 TL Salz zugeben und zugedeckt 40 Minuten bei mittlerer Hitze weich garen. Linsen nach 30 Minuten zugeben.

2 Inzwischen Zwiebeln und Möhren schälen, Staudensellerie und Lauch putzen und waschen. Die Gemüse in ca. 0,5 cm große Würfel schneiden. Pfefferschote nach Belieben entkernen und mit dem Knoblauch fein hacken.

3 Öl in einer Pfanne erhitzen und das Gemüse darin unter Rühren glasig dünsten (das Gemüse kann ruhig etwas Farbe bekommen). Pfefferschoten-Mischung zugeben, kurz mitdünsten und vom Herd ziehen.

4 Das Gemüse und die Lorbeerblätter zu den Linsen geben und bei mittlerer Hitze zugedeckt 30 bis 40 Minuten garen, bis die Linsen weich sind, aber noch leichten Biss haben.

5 Den Eintopf mit Salz und Pfeffer abschmecken. Für eine leichte Bindung zwei Suppenkellen Eintopf in einem Messbecher mit dem Schneidstab pürieren und zurück zum Eintopf geben.

Zubereitungszeit: 1 Stunde 30 Minuten

💋 | Anstatt der Lorbeerblätter kann man den Eintopf auch mit einem selbst hergestellten Lorbeeröl servieren. Das macht mehr Arbeit, schmeckt aber auch großartig.

LORBEERÖL
1 Das Öl in einem Topf auf 37 °C erwärmen.

2 Lorbeerblätter und Petersilie grob zerkleinern und mit Zitronenschale und Wacholderbeeren zugeben. Alles im Küchenmixer sehr fein pürieren. Anschließend 20 Minuten ziehen lassen und durch ein feines Sieb passieren. Das Öl hält sich im Kühlschrank mindestens zwei Wochen.

Zubereitungszeit: 10 Minuten + Ziehzeit

PILZKRAFTBRÜHE
mit Knödeln

ZUTATEN

(für 4–6 Personen)

20 g getrocknete Stein-
pilze

60 g getrocknete Shii-
take-Pilze

400 g Wurzelspinat

1 kleine Gemüsezwiebel

4 Lorbeerblätter

40 g Butter

150 ml Milch

Salz

150 g Toastbrot

1 Ei (M)

Muskatnuss

Pfeffer

150 g helle Buchenpilze

Olivenöl zum Beträufeln

1 Getrocknete Pilze in 600 ml warmem Wasser 30 Minuten einweichen.

2 Inzwischen Spinat putzen und waschen. Die Blätter und Stiele getrennt in kochendem Salzwasser 20 Sekunden garen. In ein Sieb abgießen, kalt abschrecken und abtropfen lassen. Blätter beiseitestellen. Stiele fein hacken und beiseitestellen.

3 Zwiebel halbieren und in einem Topf auf den Schnittflächen goldbraun rösten. 1 l Wasser, die Pilze samt Einweichwasser und Lorbeerblätter zugeben, aufkochen und 30 Minuten bei niedriger Hitze kochen.

4 Pilzfond durch ein mit einem Passiertuch ausgelegtes Sieb in einen Topf gießen. Pilze mithilfe des Tuches gut ausdrücken. Pilze abkühlen lassen und die Stiele der Shiitake entfernen. Pilze mittelfein hacken.

5 Butter in einem kleinen Topf schmelzen. Milch und 1 TL Salz zugeben und erwärmen. Toastbrotrinde entfernen, Toastbrot in ca. 5 cm große Würfel schneiden und in eine Schüssel füllen. Milch darübergießen und 5 Minuten ziehen lassen.

6 Gehackte Spinatstiele, gehackte Pilze und Ei zugeben und mit Muskat und Pfeffer würzen. Die Zutaten zu einer gleichmäßigen Masse verkneten und mit angefeuchteten Händen zu 24 kleinen Knödeln formen.

7 Reichlich Wasser in einem Topf erhitzen und salzen. Knödel ins kochende Wasser geben, kurz aufkochen und bei milder Hitze 12 bis 15 Minuten ziehen lassen.

8 Inzwischen den Pilzfond aufkochen und mit Salz und Pfeffer abschmecken. Buchenpilze putzen und mit dem Spinat 2 bis 3 Minuten bei milder Hitze im Fond garen.

9 Die Knödel vorsichtig herausheben und auf Schüsseln verteilen. Fond angießen, mit Olivenöl beträufeln und servieren.

Zubereitungszeit: 2 Stunden

»IN HAMBURG BIN ICH ZU HAUSE. ABER WENN DU MICH FRAGST: WAS BIST DU? WERDE ICH IMMER SAGEN: ICH BIN NORDDEUT-SCHER. DAS PRÄGT MICH. ICH BIN EHER SCHLESWIG-HOLSTEINER ALS HAMBURGER.«

ELSÄSSER NACKEN-ZWIEBEL-TOPF

ZUTATEN
(für 4 Personen)

1 1/2 kg Schweinenacken
   mit Knochen (z. B. vom
   Iberico-Schwein)
Salz
Pfeffer
5 EL Olivenöl
1 kg Gemüsezwiebeln
4 Lorbeerblätter
1 EL Kümmelsamen
200 ml trockener Sherry
1 l Hühnerbrühe
10 Stiele Thymian

1 Fleisch kräftig salzen und pfeffern. 2 EL Öl in einem Bräter stark erhitzen und das Fleisch darin rundherum knusprig anbraten, dann herausnehmen.

2 Restliches Öl in den Bräter geben. Zwiebeln in dünne Scheiben schneiden und darin bei mittlerer Hitze ca. 20 Minuten goldgelb braten. Dabei ab und zu umrühren.

3 Backofen auf 180 °C (Gas 3, Umluft 160 °C) vorheizen.

4 Lorbeerblätter und Kümmel zugeben und kurz mitbraten. Mit Sherry ablöschen und mit Brühe auffüllen. Fleisch in die Brühe geben und aufkochen. Thymian auf dem Fleisch verteilen und im heißen Backofen 1 Stunde 30 Minuten zugedeckt garen. Dann den Deckel entfernen und weitere 30 Minuten offen zu Ende garen.

5 Fleisch in Scheiben schneiden, Zwiebelsud mit Salz und Pfeffer abschmecken und servieren.

Zubereitungszeit: 2 Stunden 30 Minuten

👄 | Dazu passt Baguette.

TOMATEN-PAPRIKA-SUPPE
mit Parmesanbröseln

ZUTATEN
(für 4–6 Personen)

250 g Zwiebeln
2 Knoblauchzehen
11 EL Olivenöl
1 große rote Paprika
3 Stiele Thymian
1 kleiner Sternanis
3 Dosen geschälte Tomaten
    (à 400 g EW)
7 Stiele Basilikum
Salz
50 g Parmesan, am Stück
30 g Pankobrösel (grobe
    japanische Semmelbrö-
    sel, aus dem Asia-Laden)
2 EL Butter
Pfeffer
Zucker

1 Zwiebeln würfeln, Knoblauch in Scheiben schneiden. 3 EL Olivenöl in einem Topf erhitzen. Zwiebeln und Knoblauch darin glasig dünsten. Währenddessen Paprika schälen, entkernen, würfeln und mitdünsten.

2 Thymianblätter abzupfen und mit dem Sternanis zugeben. Tomaten, 1 l Wasser und 3 Stiele Basilikum zugeben, salzen und bei mittlerer Hitze 15 Minuten kochen. Suppe durch ein feines Sieb passieren, zurück in den Topf geben und 30 Minuten bei milder Hitze köcheln lassen.

3 Inzwischen die restlichen Basilikumblätter abzupfen, mit 8 EL Olivenöl in ein hohes Gefäß geben und mit dem Schneidstab fein pürieren.

4 Käse mittelfein zerbröseln. Panko in einer Pfanne ohne Fett goldbraun rösten. 1 EL Butter zugeben und bei niedriger Hitze schmelzen, mit dem Panko mischen und in eine Schüssel füllen. Kurz abkühlen lassen und den Käse untermischen.

5 Restliche Butter in die Suppe geben und mit dem Schneidstab pürieren. Mit Salz, Pfeffer und 1 Prise Zucker abschmecken. Suppe mit den Bröseln und dem Basilikumöl anrichten und servieren.

Zubereitungszeit: 1 Stunde 10 Minuten

FAMILY STYLE DINING

Mehr als ein Drittel der deutschen Haushalte sind Single-Haushalte. Die Menschen leben alleine, aber essen wollen sie noch immer gerne gemeinsam. Viele Restaurants ersetzen daher heute den Abendbrottisch, sie entwickeln sich zu erweiterten Wohnzimmern. Family Style Dining heißt der Trend, zu Deutsch: Essen wie in der Familie.

Die Gäste dieser Restaurants teilen nicht mehr nur Fotos ihres Essens auf Instagram, sie teilen sich ihr Essen. Live und direkt. Das Essen wird nicht auf Tellern perfekt angerichtet, für jeden persönlich, sondern kommt in großen Schüsseln oder Töpfen in die Mitte des Tisches. Dann kann sich jeder was auftun, so wie zu Hause bei Mama. Die Weinflaschen kommen mit Korken, zum Selberöffnen. Inspiriert ist das Konzept sicher auch von italienischen Restaurants, in denen die Wirte seit jeher nicht tellerfiligran arbeiten, sondern den Tisch zelebrieren. Sehr viel steht in der Mitte für alle. Der Nebeneffekt: Man muss sich nicht auf ein Gericht festlegen, man kann mal hier und mal da naschen.

Das Konzept unterstreicht die soziale Dimension des Essens. Zumal man sich nicht nur die Gerichte teilt, sondern oft auch den Tisch – mit Menschen, die man vorher gar nicht kannte. Man könnte sagen, die Sharing Economy erobert die Restaurantszene. Essengehen für Menschen, die sich ihr Auto bei Car2Go mieten und ihre Ferienwohnung bei Airbnb.

Der Hamburger Drei-Sterne-Koch Kevin Fehling hat den Trend gleich in den Namen seines Restaurants gepackt: »The Table«. Es gibt kein Silberbesteck, keine weißen Tischdecken, keinen steifen Service. Stattdessen nur einen großen geschwungenen Tisch für alle Gäste gemeinsam. Platz ist für 20 Personen. Berlins jüngster Sternekoch Alexander Koppe lässt in seiner »Skykitchen« jeden Sonntagmittag seine Mutter Edeltraud kochen. Auf den Tisch kommt regionale Hausmannskost: Königsberger Klopse mit Kapernäpfeln, Quetschkartoffel und Roter Bete. Havelländer Spanferkelhaxe mit Rahmsauerkraut an Erbsenpüree.

Auch viele andere Sternerestaurants machen sich zurzeit locker, die Oberkellner in T-Shirts und Turnschuhen, die Gäste sowieso. Sie wollen nicht mehr in Anzug und Krawatte essen gehen, so wie früher, sie sitzen lieber an blanken Holztischen als an weiß gedeckten Tafeln. »Casual Fine Dining« heißt dieser Trend: edel essen – aber in entspannter Atmosphäre.

> »Viele Restaurants ersetzen daher heute den Abendbrottisch, sie entwickeln sich zu erweiterten Wohnzimmern.«

PILZPILZ-CREMESUPPE

ZUTATEN

(für 4 Personen)

10 g getrocknete
  Steinpilze
500 g Champignons
150 g Shiitake-Pilze
1 Knoblauchzehe
6 Stiele Thymian
5 EL Olivenöl
2 EL Butter
1 EL flüssiger Honig
Salz
250 ml trockener
  Weißwein
200 ml Sahne
Cayennepfeffer
1–2 EL Zitronensaft

1 Steinpilze in 200 ml heißem Wasser ca. 20 Minuten einweichen. Übrige Pilze putzen. 150 g Champignons und 50 g Shiitake-Pilze beiseitelegen. Restliche Pilze grob kleinschneiden. Knoblauch in Scheiben schneiden. Thymianblättchen abstreifen. Steinpilze ausdrücken, das Pilzwasser durch einen Teefilter gießen und aufbewahren. Steinpilze grob hacken.

2 3 EL Öl und 1 EL Butter in einer großen Pfanne erhitzen. Klein geschnittene Champignons und Shiitake darin ca. 10 Minuten bei mittlerer bis starker Hitze goldbraun braten. Knoblauch und 2/3 vom Thymian zugeben und 2 bis 3 Minuten bei mittlerer Hitze mitbraten. Steinpilze und Honig zugeben, kurz mitbraten und mit Salz würzen. Mit Weißwein ablöschen, leicht einkochen und den Bratsatz mit einem Holzlöffel vom Pfannenboden lösen. Die Pilze in einen Topf umfüllen, Pilzwasser und 1,2 l Wasser zugeben und bei mittlerer Hitze aufkochen.

3 Sahne in die Suppe geben, mit Cayennepfeffer würzen und 20 Minuten bei niedriger Hitze kochen.

4 Inzwischen die restlichen Pilze in dünne Scheiben schneiden. Restliches Öl und restliche Butter in einer Pfanne erhitzen und die Pilze darin goldbraun braten. Restlichen Thymian zugeben und mit Salz, Pfeffer und Zitronensaft abschmecken. Warm halten.

5 Die Suppe mit dem Schneidstab oder in der Küchenmaschine sehr fein pürieren. Dabei ggf. mit etwas Wasser strecken und mit Salz und Cayennepfeffer abschmecken. Anschließend nochmals kurz erwärmen, mit den gebratenen Pilzen anrichten und servieren.

Zubereitungszeit: 1 Stunde 10 Minuten

»EINFACH ZU KOCHEN, ABER GUT: DAS IST DIE GROSSE KUNST. DER MENSCH ISST NICHT MIT DEM KOPF, ER ISST MIT DER ZUNGE UND MIT DEM HERZEN.«

KARTOFFELSUPPE

mit Sauerkraut und Laugenchips

ZUTATEN

(für 4 Personen)

300 g Zwiebeln

750 g Kartoffeln (festko-
chend oder vorwiegend
festkochend)

7 EL Olivenöl

1 Apfel

100 ml trockner Weißwein

Salz

1 l kräftige Hühnerbrühe
(alternativ Gemüsebrühe)

Stiele Majoran

2 Laugenbrötchen

4 Zweige Rosmarin

200 g Sauerkraut (aus
der Dose)

75 g kalte Butter

Muskatnuss

1 Zwiebeln würfeln. Kartoffeln schälen, quer halbieren und in dünne Scheiben schneiden.

2 3 EL Öl in einem Topf erhitzen und die Zwiebeln darin glasig dünsten.
Kartoffeln zugeben und 5 Minuten dünsten. Apfel schälen, vierteln, das
Kerngehäuse entfernen, in dünne Scheiben schneiden und kurz mitdüns-
ten. Weißwein zugeben, mit Salz würzen und etwas einkochen lassen.
Mit Brühe auffüllen, Majoran zugeben, aufkochen und 20 bis 25 Minuten
weich garen.

3 Inzwischen Laugenbrötchen in dünne Scheiben schneiden. Restliches Olivenöl in einer Pfanne erhitzen und den Rosmarin darin knusprig braten.
Rosmarin auf Küchenpapier abtropfen lassen. Öl in eine Schüssel füllen.

4 Brotscheiben in der Pfanne ohne Fett portionsweise bei mittlerer Hitze
anrösten.

5 Sauerkraut in einem Sieb abtropfen lassen und gut ausdrücken.

6 Majoran aus der Suppe entfernen. Butter in Würfel schneiden. Suppe mit
der Butter in der Küchenmaschine fein pürieren, mit Salz und Muskat
würzen, zurück in den Topf geben und erhitzen.

7 Suppe mit den Brotscheiben, Sauerkraut und Rosmarin in Suppentellern
anrichten, mit dem Olivenöl beträufeln und servieren.

Zubereitungszeit: 50 Minuten

Milch steht für das Leben und die Liebe, eines der symbolkräftigsten Lebensmittel überhaupt. Die indischen Götter wurden aus einem Meer von Milch geboren. Die germanische Mythologie stellt die Wolken als Milchkühe dar. Das Alte Testament schildert das Gelobte Land als das »Land, in dem Milch und Honig fließen«. Die Milch machts.

Der Mythos Milch mag in den vergangenen Jahren ein wenig gelitten haben unter der Hipsterkrankheit Laktose-Intoleranz. Milch, so hat es heute manchmal den Anschein, macht muntere Männer müde. Aber der Milchreis ist über jeden Zweifel erhaben.

In den Achtzigern war Milchreis eines der wenigen Desserts, die die Leute sich zu Hause selbst gemacht haben, ohne Fertigmischung. Heute ist Milchreis ein Dessert für Kindheitsnostalgiker. Ein Gute-Laune-Brei, der in der klassischen Variante mit Zucker und Zimt verfeinert wird, dem Weihnachtsgewürz.

In der Türkei heißt Milchreis Sütlac, auch im Norden Spaniens sind Milchpuddings beliebt, darunter Leche frita (frittierter Pudding) und Arroz con Leche (Milchreis). Und die Dänen servieren an Weihnachten zum Dessert traditionell Risalamande: Milchreis mit gehackten Mandeln. Tief im Brei versteckt ist eine ganze Mandel, wer sie findet, bekommt ein Geschenk.

Milchreis macht satt und er macht quietschvergnügt, er wärmt und er tröstet. Milchreis ist eine Wärmflasche für die Seele. Klar, dass er warm sein muss – Milchreis aus dem Kühlregal ist kein Milchreis.

MILCHREIS

»Milchreis macht satt und er macht quietschvergnügt, er wärmt und er tröstet.«

HÜHNERFRIKASSEE
mit Béarnaise gratiniert

ZUTATEN

(für 4–6 Personen)

1,2 kg Hähnchenkeulen

4 Lorbeerblätter

200 g weiße Buchenpilze
(alternativ Champignons
oder Kräuterseitlinge)

600 g weißer Spargel

300 g Butter

5 Stiele Estragon

3 Eigelb (L)

1 EL Worcestersauce

1 EL Weißweinessig

4 EL trockener Wermut
(Noilly Prat, alternativ
Hühnerbrühe)

Salz

60 g Mehl

200 g TK-Erbsen

Cayennepfeffer

1 Hähnchenkeulen, Lorbeerblätter und 2 l Wasser (die Hähnchenkeulen sollten knapp bedeckt sein) in einen Topf geben, aufkochen und zugedeckt ca. 40 Minuten bei mittlerer Hitze garen.

2 Inzwischen die Pilze putzen und in Scheiben schneiden. Spargel schälen, die holzigen Enden entfernen und in ca. 2 cm lange Stücke schneiden. 250 g Butter in einem kleinen Topf zerlassen und auf kleinster Stufe warm halten. Estragon fein hacken.

3 Keulen aus der Brühe nehmen. Das Fleisch sollte so weich gegart sein, dass es sich mühelos vom Knochen lösen lässt. Auf einen flachen Teller legen. Brühe durch ein Sieb passieren und 1 l abmessen. Fleisch noch warm von Haut und Knochen lösen, in Stücke schneiden und abgedeckt beiseitestellen.

4 Für die Béarnaise Eigelb, Worcestersauce, Essig, Wermut, 1 Prise Salz und 10 g Mehl in einem Schlagkessel mit dem Schneebesen verrühren und über dem heißen Wasserbad luftig (»zur Rose«) aufschlagen. Die zerlassene Butter nach und nach in einem dünnen Strahl zugießen und mit dem Schneebesen unterschlagen. Die Sauce vom Wasserbad nehmen, Estragon unterheben und beiseitestellen.

5 Restliche Butter in einem Topf erhitzen und aufschäumen lassen. Restliches Mehl zugeben und mit dem Schneebesen einrühren. Die abgemessene Brühe unter ständigem Rühren zugeben. Bei niedriger Hitze unter gelegentlichem Rühren 15 Minuten leicht sämig einkochen.

6 Spargel und Pilze zugeben und 5 Minuten garen. Erbsen zugeben und weitere 3 Minuten garen. Fleisch zugeben und 1 bis 2 Minuten erwärmen. Mit Salz und Cayennepfeffer abschmecken.

7 Frikassee in Suppentellern anrichten. Die Béarnaise darauf verteilen, mit dem Bunsenbrenner goldbraun abflämmen und sofort servieren. Alternativ Frikassee in eine Auflaufform füllen, mit der Béarnaise bedecken und im Backofen unter dem vorgeheizten Backofengrill gratinieren.

Zubereitungszeit: 1 Stunde 35 Minuten

FLEISCHBRÜHE
mit Fleisch

ZUTATEN

(für 4–6 Personen)

600 g Markknochen

600 g Rinderbrust

4 Nelken

8 Wacholderbeeren

20 schwarze Pfefferkörner

8 Pimentkörner

5 Lorbeerblätter

1 Sternanis

6 getrocknete Shiitake-
   Pilze

4 Möhren

1 Tomate

5 EL Sojasauce

Salz

2 Stangen Staudensellerie

150 g Lauch

100 g Babyspinat

30 g frischer Ingwer

2 Knoblauchzehen

Zucker

1 TL geräuchertes
   Paprikapulver

400 g Entrecôte

2 Frühlingszwiebeln

3 Stiele Thai-Basilikum

150 g TK-Erbsen

250 g Hörnchennudeln

Öl

Muskatnuss

1 Für die Brühe Knochen kalt abspülen und mit der Rinderbrust, Nelken, Wacholder, Pfefferkörnern, Piment, Lorbeer, Sternanis, Shiitake-Pilzen, 1 Möhre, Tomate, 2 EL Sojasauce, Salz und 3 l Wasser in einen Topf geben und aufkochen. Die Hitze reduzieren und die Brühe 2 1/2 bis 3 Stunden bei milder Hitze offen kochen lassen. Dabei ab und zu den aufsteigenden Schaum abschöpfen.

2 Inzwischen restliche Möhren schälen und in dünne Scheiben schneiden. Sellerie und Lauch putzen, waschen und ebenfalls in dünne Scheiben schneiden. Spinat waschen.

3 Ingwer und Knoblauch schälen und fein reiben. Mit den restlichen 3 EL Sojasauce, 1 TL Zucker und Paprikapulver in einer Schüssel verrühren. Das Steak mit der Marinade bestreichen und 20 Minuten marinieren.

4 Backofen auf 180 °C (Gas 3, Umluft 160 °C) vorheizen. Frühlingszwiebeln putzen und schräg in dünne Scheiben schneiden. Thai-Basilikumblätter abzupfen. Erbsen auftauen lassen.

5 Nudeln nach Packungsanweisung in kochendem Salzwasser bissfest garen. In ein Sieb abgießen, abschrecken und abtropfen lassen.

6 Shiitake-Pilze aus der Suppe nehmen, die Stiele entfernen und die Pilzkappen in Scheiben schneiden. Suppe durch ein mit einem Passiertuch ausgelegtes Sieb in einen Topf gießen (ergibt ca. 1,6 l). Möhren, Sellerie und Lauch zugeben und bei milder Hitze 15 Minuten garen.

7 Eine leicht geölte Grillpfanne stark erhitzen. Steak salzen und auf beiden Seiten ca. 2 bis 3 Minuten scharf anbraten, dabei bitte keine Angst vor Farbe haben. Das Steak im vorgeheizten Backofen 10 Minuten zu Ende garen. Anschließend 5 Minuten ruhen lassen.

8 Nudeln, Erbsen und Shiitake-Pilze in die Brühe geben, erwärmen und mit Salz und Muskat abschmecken. Fleisch in Scheiben schneiden.

9 Die Brühe mit Einlage, Spinat, Frühlingszwiebeln, Thai-Basilikum und Steak anrichten und servieren.

Zubereitungszeit: 3 Stunden 30 Minuten

WURST

GRÜTZWURST
mit Rosenkohl und Apfel

ZUTATEN

(für 4 Personen)

750 g Rosenkohl
Salz
2 Äpfel
200 ml Weißwein
1 Sternanis
1 Zimtstange
3 EL Zucker
5 Nelken
4 Grützwürste mit oder
   ohne Rosinen
2 EL neutrales Öl
   (z. B. Distelöl)
1 EL Butter
2 Stiele Salbei
4 EL Mandelblättchen
Pfeffer

1 Rosenkohl putzen und in kochendem Salzwasser je nach Größe 8 bis 10 Minuten garen. In ein Sieb abgießen, kalt abschrecken und abtropfen lassen.

2 Äpfel schälen, vom Kerngehäuse befreien und grob klein schneiden. Weißwein in einem Topf mit Sternanis, Zimtstange, Zucker und Nelken aufkochen. Äpfel zugeben, 10 Minuten garen und vom Herd ziehen.

3 Wasser in einem großen Topf zum Kochen bringen. Die Würste hineingeben, den Herd ausschalten und zugedeckt 10 Minuten ziehen lassen.

4 Backofen auf 80 °C vorheizen.

5 Würste herausnehmen und trocken tupfen. Öl in einer Pfanne erhitzen und die Würste darin bei mittlerer Hitze 5 bis 6 Minuten braten. Dann im Backofen warm halten.

6 Butter in einer Pfanne erhitzen. Rosenkohl darin 6 bis 8 Minuten rundherum mit Farbe braten. Salbei zugeben und kurz mitbraten. Mandelblättchen zufügen und mit Salz und Pfeffer würzen.

7 Sternanis, Zimtstange und Nelken aus dem Kompott entfernen. Die Würste mit dem Apfelkompott und dem Rosenkohl anrichten und servieren.

Zubereitungszeit: 50 Minuten

BRATWURST ASIA

ZUTATEN
(für 4 Personen)

2 Knoblauchzehen
1 grüne Pfefferschote
20 g frischer Ingwer
1 Bund Frühlingszwiebeln
4 EL neutrales Öl
  (z. B. Distelöl)
2 EL Fischsauce
3 EL Ahornsirup
400 ml Tomatensaft
1–2 TL Limettensaft
Pfeffer
4 Kalbsbratwürste

1 Knoblauch und Pfefferschote fein hacken. Ingwer schälen und fein hacken. Frühlingszwiebeln putzen, waschen und fein hacken.

2 2 EL Öl in einem Topf erhitzen und die vorbereiteten Zutaten darin glasig dünsten. Mit Fischsauce und Ahornsirup ablöschen und mit Tomatensaft auffüllen. Die Sauce ca. 10 Minuten bei milder Hitze einkochen lassen. Limettensaft zugeben, mit Pfeffer würzen. Abschmecken und warm halten.

3 Bratwürste in einer heißen Pfanne im restlichen Öl goldbraun und knusprig braten und mit der Sauce servieren.

Zubereitungszeit: 30 Minuten

»ZUR TRADITION WIRD ETWAS,
WEIL ES WIEDER UND WIEDER AUF
EINE BESTIMMTE ART GETAN WIRD.
NACH DEM BIER EINEN DÖNER ESSEN,
NACHTS AUF DEM HEIMWEG: DAS IST
2018 EINE DEUTSCHE TRADITION.«

BRATWURST
mit Steckrübenpüree

ZUTATEN

(für 4 Personen)

750 g Steckrüben
250 g Kartoffeln
150 g Möhren
1 Zwiebel
20 g frischer Ingwer
6 EL Olivenöl
Salz
1 Bund schlanke Möhren
2 Zweige Rosmarin
50 g Butter
Cayennepfeffer
5 grobe Bratwürste
  (à ca. 150 g)
Pfeffer

1 Steckrüben, Kartoffeln und lose Möhren schälen und in Würfel schneiden. Zwiebel grob würfeln. Ingwer schälen und in Scheiben schneiden.

2 2 EL Öl in einem Topf erhitzen und die vorbereiteten Gemüse darin ohne Farbe andünsten. Dann knapp mit Wasser bedecken, salzen und ca. 20 Minuten zugedeckt weich garen.

3 Inzwischen Bundmöhren putzen, schälen und je nach Größe ganz lassen oder längs halbieren. 2 EL Öl in einer Pfanne erhitzen und die Möhren darin bei mittlerer Hitze rundherum 12 bis 15 Minuten bissfest braten. Rosmarin 5 Minuten vor Ende der Garzeit zugeben.

4 Gemüse aus dem Topf abgießen und in der Küchenmaschine mit der Butter sehr fein cremig pürieren. Das Püree zurück in den Topf füllen, mit Salz und Cayennepfeffer würzen und warm halten.

5 Eine zweite Pfanne erhitzen. Restliches Öl zugeben und die Würste darin rundherum goldbraun braten.

6 Möhren mit Salz und Pfeffer würzen, mit dem Püree und den Würsten anrichten und servieren.

Zubereitungszeit: 40 Minuten

KURZ GESCHMORTER GRÜNKOHL

mit Chorizo und karamellisiertem Apfel

ZUTATEN

(für 4 Personen)

600 g Drillinge
   (kleine Kartoffeln)
Salz
500 g Grünkohl
4 Chorizos zum Braten
   (spanische Wurst)
300 g Zwiebeln
4 EL Olivenöl
400 ml Hühnerbrühe
Pfeffer
1 Apfel
Zucker
1 EL Butter
Senf

1 Kartoffeln gründlich waschen und mit Schale in kochendem Salzwasser 20 bis 25 Minuten garen. Anschließend abgießen, ausdampfen lassen und noch warm pellen.

2 Grünkohl in stehendem Wasser waschen, abspülen und trocken schleudern. Reichlich Wasser in einem großen Topf zum Kochen bringen und kräftig mit Salz würzen. Grünkohl darin 4 Minuten garen. In ein Sieb abgießen, abtropfen lassen und gut ausdrücken.

3 Chorizo in Scheiben schneiden, Zwiebeln grob würfeln. 2 EL Öl in einem Topf erhitzen und die Chorizo darin anbraten. Zwiebeln zugeben und unter Rühren glasig dünsten. Grünkohl und Brühe zugeben, aufkochen und 20 Minuten zugedeckt bei mittlerer Hitze garen. Mit Salz und Pfeffer würzen und warm halten.

4 Restliches Öl in einer Pfanne erhitzen. Kartoffeln darin 8 bis 10 Minuten goldbraun braten.

5 Apfel vierteln, das Kerngehäuse entfernen und in Spalten schneiden. Kartoffeln aus der Pfanne nehmen. Apfelspalten hineingeben und bei starker Hitze 2 bis 3 Minuten braten. Mit 1 Prise Zucker bestreuen, Butter zugeben, aufschäumen lassen und mit Salz würzen.

6 Grünkohl mit Kartoffeln und Äpfeln anrichten und mit etwas Senf servieren.

Zubereitungszeit: 45 Minuten

KARTOFFELSALAT

mit gebratenem Kürbis und knuspriger Blutwurst

ZUTATEN

(für 2–4 Personen)

500 g Kartoffeln
  (festkochend)
Salz
100 ml Hühnerbrühe
3 Stiele Majoran
4 EL Olivenöl
4 EL Apfelessig
Pfeffer
100 g getrocknete
  Aprikosen
2 EL scharfer Senf
1 kleiner Hokkaidokürbis
  (ca. 800 g)
40 g Rauke
30 g Parmesan, am Stück
300 g Blutwurst zum
  Braten (z. B. Braun-
  schweiger)

1. Kartoffeln waschen und in kochendem Salzwasser garen. Das dauert je nach Größe der Kartoffeln 25 bis 30 Minuten.

2. Für das Dressing Brühe lauwarm erhitzen. Majoran grob hacken. 2 EL Öl mit Essig, Brühe, Salz und Pfeffer verrühren. Majoran untermischen.

3. Aprikosen in warmem Wasser 15 Minuten einweichen. Anschließend abtropfen lassen, mit 100 ml Einweichwasser und Senf in ein hohes Gefäß geben und mit dem Schneidstab sehr fein pürieren.

4. Kartoffeln abgießen, ausdampfen lassen, noch warm pellen, in Scheiben schneiden und mit dem Dressing in einer Schüssel mischen.

5. Kürbis waschen, längs halbieren, entkernen und in ca. 1 cm breite Spalten schneiden. Restliches Öl in einer Pfanne erhitzen. Kürbis darin 10 bis 15 Minuten bei mittlerer Hitze braten, dabei mit Salz und Pfeffer würzen. Aus der Pfanne nehmen.

6. Rauke putzen, waschen und trocken schleudern. Parmesan dünn hobeln.

7. Blutwurst in ca. 1,5 cm dicke Scheiben schneiden und in einer Pfanne ohne Fett auf beiden Seiten jeweils 2 bis 3 Minuten knusprig braten.

8. Kürbis und Rauke zum Kartoffelsalat geben, untermischen und mit Salz und Pfeffer abschmecken. Salat mit Blutwurst und Aprikosensenf anrichten und servieren.

Zubereitungszeit: 1 Stunde

PFÄLZER WURST

mit Sauerkraut und Birne

ZUTATEN

(für 4 Personen)

3 Zwiebeln

2 EL neutrales Öl
  (z. B. Distelöl)

500 g frisches Sauerkraut

4 Wacholderbeeren

3 Lorbeerblätter

2 Birnen

3 EL Zucker

2 EL Butter

Salz

4 kleine Pfälzer Leber-
  würste

4 kleine Pfälzer Blutwürste

1 Backofen auf 200 °C (Gas 4, Umluft 180 °C) vorheizen.

2 Zwiebeln in Streifen schneiden. Öl in einem Topf erhitzen und die Zwiebeln darin mit Farbe anbraten. Sauerkraut mit dem Saft, Wacholderbeeren und Lorbeerblätter zugeben, aufkochen und zugedeckt bei milder Hitze 50 Minuten kochen.

3 Währenddessen Birnen halbieren und das Kerngehäuse mit einem Kugelausstecher oder Teelöffel entfernen. Eine Auflaufform mit Backpapier auslegen und mit Zucker bestreuen. Die Birnen mit den Schnittflächen nach unten auf den Zucker legen und mit der Butter in Flöckchen belegen. Im heißen Backofen auf der mittleren Schiene 40 Minuten garen.

4 Reichlich Wasser in einem großen Topf aufkochen und leicht salzen. Die Würste hineingeben und zugedeckt bei milder Hitze 12 bis 15 Minuten gar ziehen lassen.

5 Sauerkraut mit Salz abschmecken. Mit den Birnen und Würsten anrichten und servieren.

Zubereitungszeit: 1 Stunde 10 Minuten

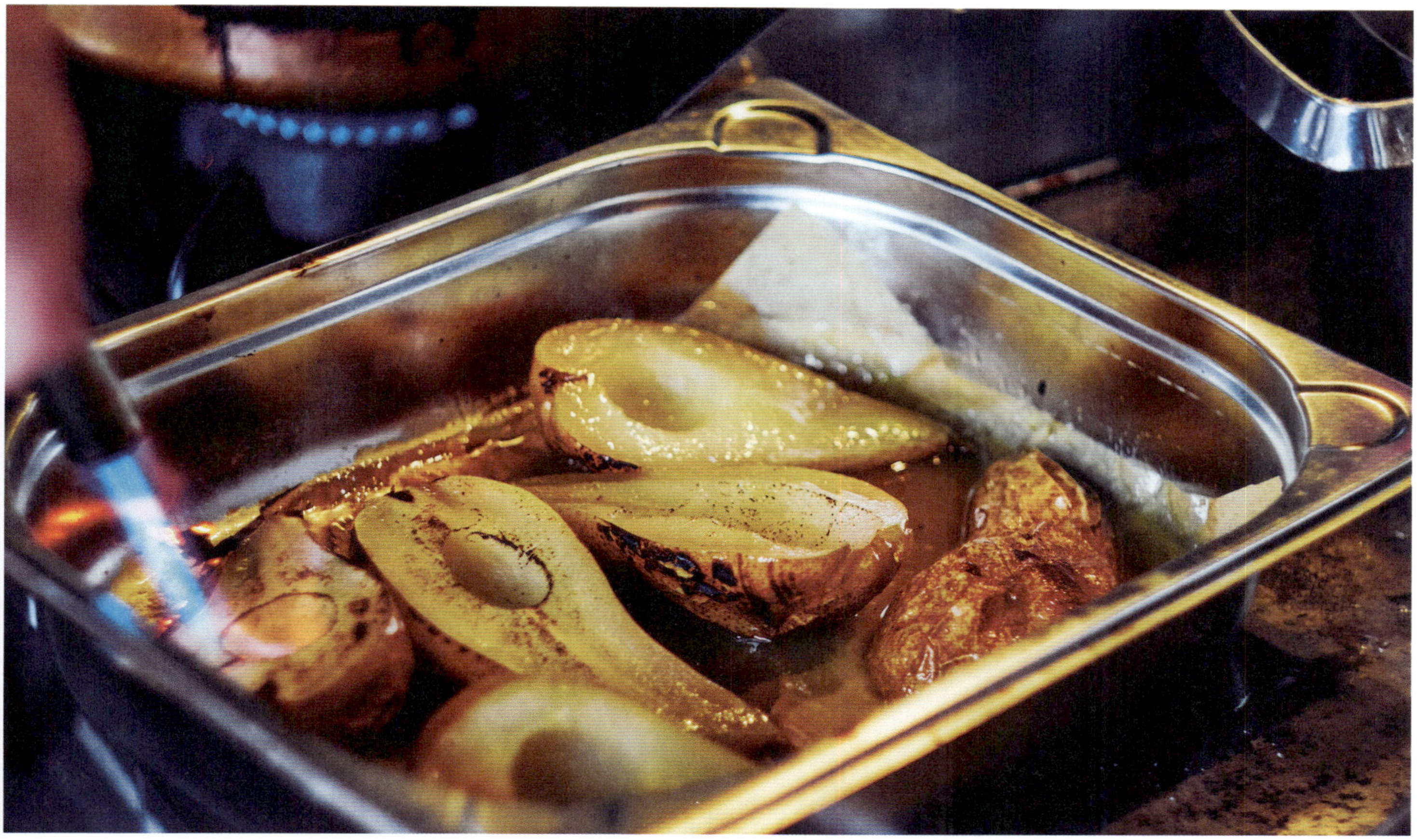

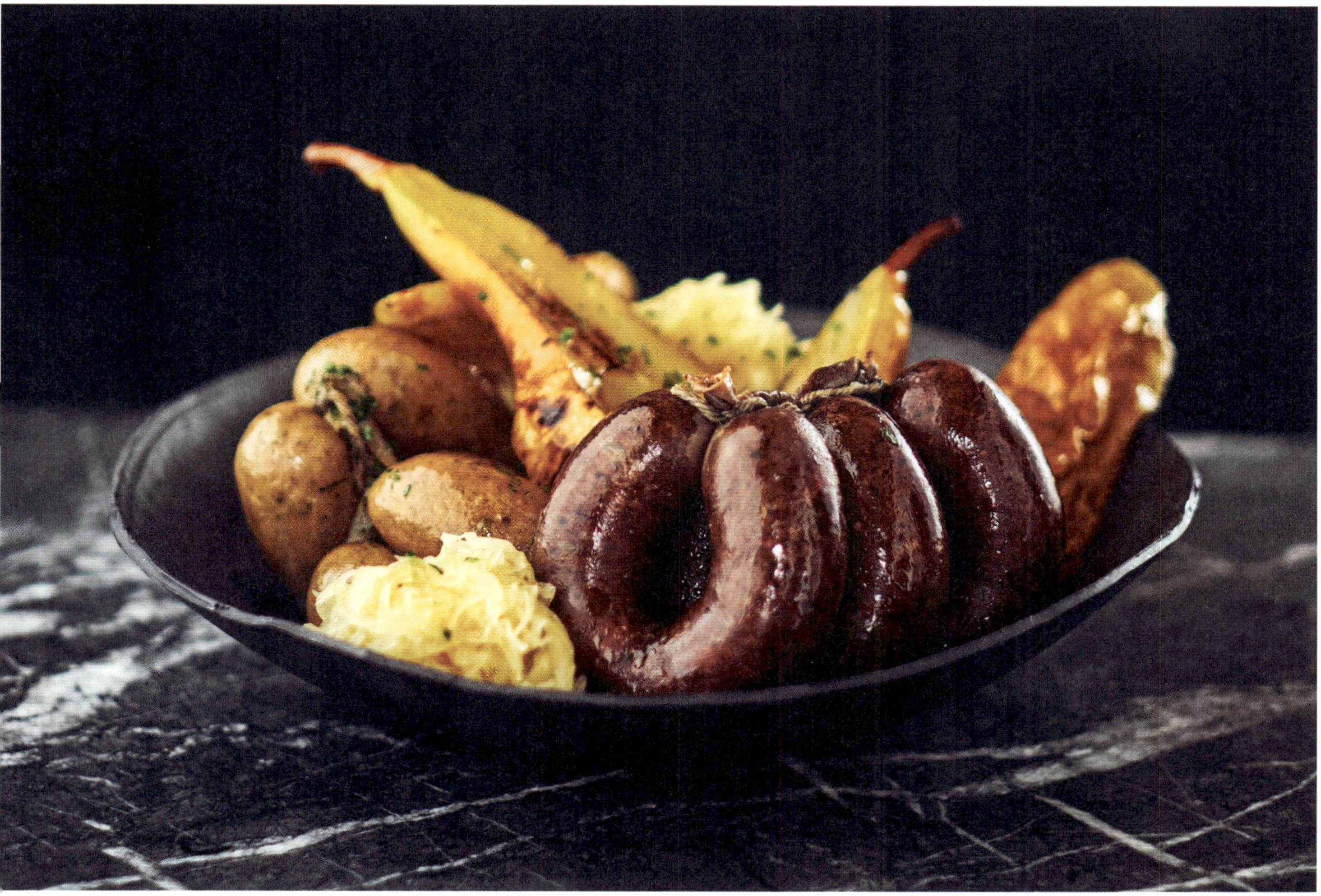

NEUE HEIMAT

Wo bin ich zu Hause, verwurzelt und gut aufgehoben, wo ist meine Heimat? Das ist für viele von uns gar nicht mehr so einfach zu beantworten. Wir führen ein grenzenloses, dauermobiles, digitalisiertes Leben.

Wo die Heimat zu Hause ist, das immerhin wissen wir seit Frühjahr 2018: in einem Ministerium in Berlin.

Als die Nachricht die Runde machte, dass die neue Bundesregierung ein Heimatministerium einrichten wolle, da lästerte man in den hippen Cafés der Republik. Aber man nippte dabei längst am Kaffee aus einer lokalen Rösterei. Denn Deutschland ist ein Land mit Heimweh, quer durch alle Milieus.

Heimat und Herkunft können einengen. So war das früher einmal. Heimat in Deutschland, das war nur etwas für Senioren in der Provinz. Schon das Wort schepperte in den Ohren wie Blasmusik. Heimat, das waren Socken in Sandalen und draußen nur Kännchen, das war ein biederer, spießiger, deutschtümelnder Ort. Heimatvereine und Heimatmuseen, Trachtengruppen und Volksmusik. Heimat, das schmeckte nach Blutwurst und Boden, das muffelte nach Kohl.

Heute ist das anders, heute ist Heimat hip.

In Großstadtkneipen nehmen die Gäste einen großen Schluck Heimat aus der Craft-Beer-Flasche, ihren Gin Tonic bestellen sie mit Schnaps aus der Region. Sie sehnen sich zurück ins Gestern, in eine vermeintlich heile Welt, sie bauen die Altstadt in Frankfurt am Main wieder auf und rekonstruieren Omas Apfelkuchen. Mit Bioäpfeln von hessischen Streuobstwiesen, versteht sich.

Heimat hat viele Gesichter. Der Hamburger lästert gerne über den Münchner in Lederhose, zieht sich dann am Wochenende aber ein St.-Pauli-Shirt über, das mit dem Totenkopf.

In einem Satz: Früher gehörte Heimat ins Museum, heute hat sie ein eigenes Ministerium. Was ist da passiert?

Der moderne Mensch hat es nicht weit hinaus in die große weite Welt, nur einen Klick. Er muss nirgendwo auf Dauer andocken, nicht an einem Wohnort, nicht bei einem Arbeitgeber, erst recht nicht bei einem Partner. Seine Freiheit ist grenzenlos.

Doch seine Unsicherheit ist es oft auch. Der moderne Mensch ist ein radikaler Individualist, der sich in schwachen Stunden nach Gemeinschaft und Geborgenheit sehnt. Ein Herumtreiber, der zwischendurch auch mal die Füße hochlegen will. Ein Draufgänger, der manchmal dann doch nach verständlichen Lösungen und Sicherheit strebt – und sei es wenigstens in der Küche.

Es gibt Speisen mit weniger und Speisen mit mehr Prestige. Welche das sind, ist Moden unterworfen: Früher war exotisches Essen schick, heute ist es regionales. Der moderne Mensch hungert nach Heimat. Er will sich zu Hause fühlen am Esstisch.

Jahrzehntelang hatten die Deutschen Fernweh. Wer es sich leisten konnte, reiste im Sommer nach Italien, Spanien, Griechenland. Zurück zu Hause, ging er beim Italiener, Spanier, Griechen essen. Wer es sich heute leisten kann, macht Urlaub an der Nordsee und isst radikal regional.

Je rastloser eine Gesellschaft wird, desto größer die Sehnsucht, irgendwo Wurzeln zu schlagen. Wenn sich die große weite Welt verändert, so rasant, wie sie das

> **»DER MODERNE MENSCH HUNGERT NACH HEIMAT. ER WILL SICH ZU HAUSE FÜHLEN AM ESSTISCH.«**

zurzeit tut, dann soll wenigstens die eigene kleine private Welt bleiben, wie sie ist. Und so engt Heimat heute nicht mehr ein, sondern vermittelt Geborgenheit, sei es auf einem bayerischen Dorf oder im Hamburger Schanzenviertel.

Wir leben in einer Gesellschaft ohne homogene Mehrheit, in einer Gesellschaft der Minderheiten, und diese Minderheiten unterscheiden sich massiv. Einkommen, politische Einstellungen, Religionen, Lebensstile, Familienmodelle – alles strebt auseinander. Wie kann dennoch ein Heimatgefühl entstehen? Das ist eine der wichtigsten Fragen unserer Zeit. Denn Heimatgefühl, das ist nur ein anderes Wort für Gemeinschaftsgefühl. Heimat verbindet.

Ich behaupte: Essen hat das Potenzial, diese Gemeinschaft zu stiften. Essen ist Heimat auf dem Teller.

Immer mal wieder werden Stimmen laut, Heimat sei

»HEIMAT VERMITTELT GEBORGENHEIT, SEI ES AUF EINEM BAYERISCHEN DORF ODER IM HAMBURGER SCHANZENVIERTEL.«

ein ausgrenzender Begriff. Das ist in Deutschland gute linke Tradition. Dieses Kochbuch ist ein Versuch, das Gegenteil zu beweisen: Heimat integriert. Heimat hilft dabei, sich zugehörig zu fühlen. Unabhängig davon, woher man kommt und wie man lebt.

»Heimat ist für alle da – auch für Zugewanderte«, hat die nordrhein-westfälische Heimatministerin Ina Scharrenbach einmal gesagt. Ich würde noch einen Schritt weiter gehen: Wir alle sind uns gegenseitig Heimat, denn Heimat wandelt sich. Und so tragen heute Menschen aus vielen Städten, Regionen, Ländern dazu bei, dass wir uns in unserer Stadt, unserer Region, unserem Land zu Hause fühlen. Sie tun das mit ihrer Musik, ihrer Mode, ihrem Essen. Sie tun das, weil sie dazugehören.

In der Geschichte der Bundesrepublik waren die Lokale der sogenannten Gastarbeiter – all die italienischen

Pizzerien und griechischen Tavernen und spanischen Bodegas – nicht einfach nur Orte zum Essengehen. Es waren »Orte der massenkulturellen Gewöhnung an das Fremde«, Institutionen des »zivilen Umgangs mit dem Anderen«. So hat das die Historikerin Maren Möhring mal formuliert. Man kann es auch einfacher sagen: Völkerverständigung geht durch den Magen.

Essen macht uns mit dem Fremden vertraut. Schon das Kleinkind führt Dinge zum Mund, um sie zu erfahren.

Essen hat die Kraft, Menschen zu verbinden, Vorurteile abzubauen und Sympathien zu wecken. Wer italienisches Essen mag, mag Italiener.

Den Effekt machen sich manche Regierungen gezielt zunutze, zum Beispiel jene Thailands und Südkoreas. Sie finanzieren Programme, die ihre Länder über kulinarische Spezialitäten vermarkten. Die Idee: Wer koreanisches Essen mag, kauft auch eher koreanische Pro-

dukte, schaut vielleicht mal einen koreanischen Film, irgendwann macht er eventuell sogar mal Urlaub in Korea. Gastrodiplomatie nennt sich das.

Was und wie Menschen essen, sagt sehr viel über sie. Die einen grenzen sich ab, sie verschließen ihren Mund, sie machen zu. Was der Bauer nicht kennt, frisst er nicht. Die anderen sind neugierig, sie reißen den Mund weit auf, sie verleiben sich Fremdes ein. Dazu kann durchaus Mut gehören – wie jeder Münchner weiß, der schon mal Labskaus probiert hat: eine Matschepampe aus Kartoffeln, gepökeltem Rind und Roter Bete, die in Hamburg als Heimatgericht gilt. Das ist saulecker, sieht aber auch aus wie Sau.

Die Menschen lieben Traditionen, sie geben ihnen Halt. Aber Traditionen verändern sich. Was ist jungen Deutschen heute mehr vertraut: Königsberger Klopse oder Döner Kebap?

»WAS IST JUNGEN DEUTSCHEN HEUTE MEHR VERTRAUT: KÖNIGSBERGER KLOPSE ODER DÖNER KEBAP?«

Zur Tradition wird etwas, weil es wieder und wieder auf eine bestimmte Art getan wird. Nach dem Bier einen Döner essen, nachts auf dem Heimweg: Das ist heute eine deutsche Tradition. In gewisser Weise ist es sogar eine deutsche Erfindung, denn erst in Deutschland ersetzte Kalb oder Rind das recht streng schmeckende Lamm auf dem Grillspieß, erst in Deutschland wurde aus dem Tellergericht Döner Kebap ein Snack für unterwegs, serviert im Fladenbrot, übergossen mit viel Soße. Deutsche Küche ist eine Soßenküche.

Es gibt viele solcher Beispiele dafür, wie aus fremdem Essen Heimatessen geworden ist: Die Soljanka, eine säuerliche Suppe aus Osteuropa, gilt heute als das berühmteste Gericht der DDR-Küche, Nostalgie zum Löffeln. Und auch Gulasch ist ein Einwanderer. Ursprünglich eine ungarische Spezialität, taucht Gulasch erst um 1840 in deutschen Kochbüchern auf. Heute ist es daraus nicht mehr wegzudenken.

Unser Essen war globalisiert, lange bevor die Wirtschaft es wurde: Die Kartoffel ist so wenig deutsch wie die Tomate italienisch; beide brachte Christopher Kolumbus aus Südamerika mit. Oder der Spinat, der alte Kinderschreck! Den halten viele für ein urdeutsches Gemüse, die natürliche Beilage für Fischstäbchen mit Goldpanade. Er stammt aber vermutlich aus Persien.

Die deutsche Fußballnationalmannschaft profitiert von den Toren, die Mario Gomez, Jérôme Boateng und Sami Khedira schießen, die deutsche Küche von den Kräutern und Gewürzen, die sogenannte Gastarbeiter aus Spanien, der Türkei, Tunesien uns einst nahegebracht haben. Reinrassige Küchen kann es gar nicht geben. »Jede Küche ist ein Bastard, ein Mischling wie ein Straßenköter«, schreibt die britische Gastrokritikerin Mina Holland in ihrem Buch »Der kulinarische Atlas. Eine Reise um die Welt in 95 Rezepten«.

Wieso wir mögen, was wir heute mögen? Weil wir es wieder und wieder gegessen haben, so simpel ist das. Heimat ist wandelbar, Geschmack ist es auch. Deutschland schmeckt 2018 anders als 1958.

Natürlich haben Geschmackserlebnisse die Kraft, die verlorene Vergangenheit wiederaufleben zu lassen. Das hat der Schriftsteller Marcel Proust in der weltberühmten Madeleine-Episode seines Romans »Auf der Suche nach der verlorenen Zeit« gezeigt, das zeigt auch der Animationsfilm »Ratatouille«: Der griesgrämige Gastrokritiker Anton Ego fühlt sich von einer einfachen Ratatouille an das Gericht erinnert, das seine Mutter ihm zum Trost nach einem Fahrradsturz servierte – und hält den unbekannten Koch schlagartig für ein Genie.

Und so steckt in der aktuellen Sehnsucht nach Heimatküche, nach regionalen Zutaten und traditionellen Zubereitungsarten wohl auch die Sehnsucht nach einer überschaubaren, vermeintlich sicheren, alten Welt. Heimatküche ist Nostalgie zum Essen.

Das muss nicht immer sympathisch sein, das ist manchmal sogar ein Problem. Der rechtsextreme Journalist Friedrich Hussong forderte 1937 in seinem Buch »Der Tisch der Jahrhunderte«, die »leidige Ausländerei im deutschen Gaststättengewerbe« solle bekämpft werden. Er empfahl »an die Scholle gebundene Gerichte« und »Jahreszeitgerichte«. Also etwa das, was heute ökobewusste Feinschmecker aus dem linken Lager empfehlen.

Für mich hingegen ist ein Restaurant ein Ort, an dem sich Menschen und Geschmäcker begegnen. Ein Symbol der offenen Gesellschaft.

Genau das soll auch dieses Buch sein, genau das ist neue deutsche Heimatküche. Sie schafft eine Identität jenseits des Identitären. Neue deutsche Heimatküche bittet alle an einen Tisch.

> **»EIN RESTAURANT IST EIN ORT, AN DEM SICH MENSCHEN UND GESCHMÄCKER BEGEGNEN. FÜR MICH EIN SYMBOL DER OFFENEN GESELLSCHAFT.«**

VEGETARISCH

FLOWER SPROUTS
mit Haselnuss-Sauce

ZUTATEN
(für 2–4 Personen)

100 g geschälte Hasel-
nusskerne

1 Dose ungesüßte Kokos-
milch (400 ml)

2 EL Sojasauce

Cayennepfeffer

400 g Flower Sprouts
(Kreuzung aus Grünkohl
und Rosenkohl, alterna-
tiv frischer Grünkohl)

3 EL Olivenöl

Salz

Pfeffer

60 g Scamorza
(geräucherter
italienischer Kuhmilch-
käse)

1 Haselnüsse in einer Pfanne ohne Fett anrösten. Haselnüsse mit der Kokos-
milch in einem Topf aufkochen und mit dem Schneidstab fein pürieren.
Bei milder Hitze 10 Minuten ziehen lassen.

2 Die Masse durch ein feines Sieb streichen und mit Sojasauce und Cayennepfeffer abschmecken.

3 Flower Sprouts putzen, waschen und trocken schleudern. Öl in einer
Pfanne erhitzen, das Gemüse darin 3 bis 4 Minuten bei starker Hitze
rundherum braten und mit Salz und Pfeffer würzen.

4 Mit der Haselnuss-Sauce anrichten und mit frisch geriebenem Scamorza
bestreut servieren.

Zubereitungszeit: 30 Minuten

GEGRILLTER GRÜNER SPARGEL
mit Parmesanbröseln

ZUTATEN
(für 2 Personen)

50 g Parmesan, am Stück
100 g weiche Butter
100 g Semmelbrösel
Salz
Pfeffer
1 Prise Zucker
500 g grüner Spargel
2 EL Olivenöl
3 Tomaten

1 Backofen auf 200 °C (Gas 4, Umluft 180 Grad) vorheizen.

2 Käse fein reiben und in einer Schüssel mit Butter, Semmelbröseln, Salz, Pfeffer und Zucker verkneten. Die Masse zerbröseln und auf einem mit Backpapier ausgelegtem Backblech verteilen. Im heißen Ofen 15 bis 20 Minuten goldbraun backen.

3 Inzwischen die holzigen Enden vom Spargel abschneiden und die Stangen im unteren Drittel schälen. Spargel in einer Schale mit Öl mischen und mit Salz würzen. Spargel in einer heißen Grillpfanne portionsweise 5 bis 6 Minuten rundherum bissfest braten.

4 Tomaten in Scheiben schneiden, mit dem Spargel anrichten und mit den Parmesanbröseln bestreut servieren.

Zubereitungszeit: 30 Minuten

POCHIERTE EIER
mit Blattspinat und Kartoffelpü

ree

ZUTATEN

(für 4 Personen)

800 g Kartoffeln (mehlig)
Salz
600 g Blattspinat
100 g Butter
100 ml Sahne
Muskatnuss
3 EL Olivenöl
Pfeffer
50 ml Weißweinessig
8 Eier (M)
2 Stiele Petersilie
2 Knoblauchzehen
80 g Pankobrösel (grobe
    japanische Semmelbrö-
    sel, aus dem Asia-Laden)

1 Für das Kartoffelpüree die Kartoffeln gründlich waschen und in der Schale in Salzwasser weich kochen. Das dauert je nach Größe 20 bis 25 Minuten. Währenddessen Spinat putzen und waschen. Die Stiele in ca. 1/2 cm große Stücke schneiden, Blätter getrennt grob klein schneiden. Beides beiseitestellen.

2 Kartoffeln abgießen und ausdampfen lassen. Dann pellen und zweimal durch die Kartoffelpresse drücken. 80 g Butter und Sahne in einem Topf erhitzen. Kartoffelschnee zugeben, mit Salz und Muskat würzen und mit dem Schneebesen cremig rühren. Warm halten.

3 Öl in einer großen Pfanne erhitzen und die Spinatstiele darin 2 Minuten braten. Spinatblätter zugeben und unter Rühren zusammenfallen lassen, dabei mit Salz und Pfeffer würzen. Warm halten.

4 Für die pochierten Eier einen großen Topf mit Wasser aufsetzen und zum Kochen bringen. 1 TL Salz und den Essig zugeben und aufkochen. Eier zuerst in leicht geölte Tassen schlagen. Das Wasser mit einem Schneebesen strudelig rühren, dann die Eier einzeln in den Strudel gleiten lassen. Nach 4 bis 5 Minuten vorsichtig mit einer Schaumkelle herausheben und in einer vorgewärmten Schale zugedeckt warm halten.

5 Petersilie fein hacken, Knoblauch fein reiben. Pankobrösel in einer Pfanne ohne Fett unter Rühren goldbraun anrösten. Die restlichen 20 g Butter, Knoblauch und Petersilie zugeben und unter Rühren bei niedriger Hitze 1 bis 2 Minuten braten, ohne dass die Brösel verbrennen. Mit Salz und Pfeffer würzen und aus der Pfanne nehmen.

6 Kartoffelpüree erhitzen und mit Spinat und Eiern auf Tellern anrichten. Mit den Knoblauchbröseln bestreuen und servieren.

Zubereitungszeit: 50 Minuten

👄 | Wer mag, serviert das Gericht statt mit pochierten mit wachsweich gekochten Eiern.

MEINE ♥ DEINE MUDDA MUDDA

Die UNESCO hat die neapolitanische Kunst des Pizzabackens 2017 zum schützenswerten Kulturerbe erklärt.

Ich persönlich bin kein Fan der neapolitanischen Pizza, ich finde sie matschig und indifferent. Ich nenne sie immer Pizza Döner. Ich bin eher Fan knuspriger Pizzen. Eine gute Pizza sollte drei Minuten im Ofen sein und nur einen dünnen Belag haben, damit die Feuchtigkeit entweichen kann.

Wie auch immer: Die Pizza ist Weltkultur. Teigfladen mit Belag gibt es in vielen Ländern. Mallorca-Urlauber kennen vielleicht den Blechkuchen Coca, genannt mallorquinische Pizza. Sie wird häufig mit den Resten vom Vortag belegt, allerdings nie mit Käse. Die französische und deutsche Variante heißt Flammkuchen. Er kommt mit saurer Sahne oder Crème fraîche statt Tomatensauce daher. Seit den Sechzigern hat die Pizza dem Flammkuchen den Rang abgelaufen. Vielleicht weil ihr Image einen Ticken mondäner

PIZZA

ist. Vielleicht aber auch nur, weil die Pizza im Unterschied zum Flammkuchen mit Käse überbacken wird. Alles ist besser mit Käse überbacken.

Pizza ist günstig. Mehl, Wasser, Hefe: Günstiger wird man kein Gericht zusammenzimmern können. Der Klassiker Margherita ist nur mit Tomaten, Mozzarella und Basilikum belegt, rot, weiß und grün also, die italienischen Nationalfarben.

Pizza ist schnell fertig. Sie bietet das, was man »instant gratification« nennt, sofortige Bedürfnisbefriedigung.

Pizza stiftet Gemeinschaft. Man kann sie gut in Stücke teilen und in größerer Runde gemeinsam essen. Mit den Händen, versteht sich. Pizza ist Essen zum Anfassen.

Und Pizza ist personalisierbar. Drauflegen lässt sich so ziemlich alles, wie auf ein Butterbrot. Was vielleicht auch ein Grund dafür ist, wieso wir Deutsche sie so mögen.

»Pizza stiftet Gemeinschaft. Man kann sie gut in Stücke teilen und in größerer Runde gemeinsam essen.«

MOZZARELLA
mit Rhabarber

ZUTATEN

(für 4 Personen)

250 g Rhabarber
10 g frischer Ingwer
1 grüne Pfefferschote
4 EL Zucker
3 EL Himbeeressig
4 Stiele Basilikum
500 g Büffelmozzarella
Olivenöl

1 Rhabarber putzen und in ca. 5 cm große Würfel schneiden. Ingwer schälen und in Scheiben schneiden. Pfefferschote nach Belieben entkernen und in Scheiben schneiden.

2 Zucker in einer Pfanne bei mittlerer Hitze hellbraun karamellisieren. Mit 100 ml Wasser ablöschen und aufkochen, bis sich der Zucker aufgelöst hat. Essig, Ingwer, Pfefferschote und Rhabarber zugeben, aufkochen und vom Herd ziehen.

3 Basilikumblätter abzupfen. Mozzarella abtropfen und in dicke Scheiben schneiden. Mit dem Rhabarber anrichten und mit Olivenöl beträufelt servieren.

Zubereitungszeit: 25 Minuten

ROTE BETE

mit Portwein und Gorgonzola

ZUTATEN
(für 2–4 Personen)

400 g junge Rote Bete
Salz
125 g rote Johannisbeeren
100 g Gorgonzola
50 ml Milch
3 EL Olivenöl
4 Zweige Rosmarin
100 ml roter Portwein
Pfeffer

1 Rote Bete putzen, waschen und in kochendem Salzwasser zugedeckt 30 bis 35 Minuten weich garen. Anschließend abschrecken, schälen und längs halbieren. Johannisbeeren von den Rispen zupfen.

2 Käse in Stücke zupfen. Milch in einem kleinen Topf aufkochen. Käse zugeben, unterrühren und vom Herd ziehen.

3 Olivenöl in einer Pfanne erhitzen. Rote Bete darin 4 bis 5 Minuten bei mittlerer Hitze anbraten. Rosmarin zugeben und kurz mitbraten. Mit Portwein ablöschen und sämig einkochen lassen. Dabei mit Salz und Pfeffer würzen.

4 Rote Bete mit der Käsesauce und den Johannisbeeren anrichten und servieren.

Zubereitungszeit: 1 Stunde

KÜCHE DER LEVANTE

Hummus ist das Heimatgericht der Region, in der Heimat so umkämpft ist wie in keiner anderen Region der Welt, im Nahen Osten. Nun hat Hummus, so absurd das scheinen mag, das Potential, auch ein deutsches Heimatgericht zu werden. In Berlin, Hamburg, München ist es das vielleicht schon.

Zusammen mit den Menschen aus dem Nahen Osten sind auch die Gerichte des Nahen Ostens zu uns gekommen, die Kräuter und Gewürze: Hummus und Falafel und Baba Ghanoush, Kumin und Saatar und Sumach. In Berlin, Hamburg, Wien haben sich einige angesagte Restaurants darauf spezialisiert. Die Ernährungswissenschaftlerin Hanni Rützler hat in ihrem »Foodreport« daher die Küche der Levante zu einem der bestimmenden Gastrotrends der Gegenwart ausgerufen.

Die Küche der Levante, das ist ein Sammelbegriff für Gerichte aus Israel, Syrien, Jordanien, dem Libanon. Berühmt ist die Küche für viele kleine Vorspeisen und Zwischengerichte, genannt Mezze, von denen Hummus das berühmteste ist. Ein beiges Püree, hergestellt meist aus Kichererbsen, Sesammus und Olivenöl, dazu Zitronensaft, Knoblauch, Salz und Kreuzkümmel. Araber und Juden zanken seit Jahrzehnten um die Herkunft von Hummus, so wie grie-

chische und türkische Zyprioten um die Herkunft des Grillkäses Halloumi zanken, türkisch Hellim. Was keine schlechte Nachricht sein muss: Sich über Essen zu streiten ist besser, als sich über Grenzen zu streiten. »Gutes Essen ist länderübergreifend«, schreibt die britische Gastrokritikerin Mina Holland in ihrem Buch »Der kulinarische Atlas. Eine Reise um die Welt in 95 Rezepten«. »Wenn Gemeinschaften in Kopf und Herz zerfallen, werden sie manchmal noch durch das Essen zusammengehalten.« Die Küche der Levante ist eine Küche, die trösten kann, auch bei uns, denn viele der Vorspeisen und Zwischengerichte sind so flüssig, pampig, breiig wie Hummus; sie erinnern uns an unser Essen aus Kindertagen. Die Küche der Levante ist eine Küche, die Gemeinschaft stiftet, denn am Tisch tunken

oft mehrere reihum ihr Fladenbrot in diese Soßen, Pürees, Breie. Es ist Essen zum Anfassen und Essen zum Teilen. Essen, das jeden berührt.

> **»Die Küche der Levante ist eine Küche, die Gemeinschaft stiftet, denn am Tisch tunken oft mehrere reihum ihr Fladenbrot in diese Soßen, Pürees, Breie.«**

STEINPILZ-FRITTATA

ZUTATEN
(für 4 Personen)

300 g Steinpilze
200 g Lauch
400 g Pellkartoffeln,
 gekocht
1 Knoblauchzehe
60 g Parmesan, am Stück
3 EL Butterschmalz
Salz
Pfeffer
8 Eier (M)
2 EL Olivenöl

1 Steinpilze putzen und grob würfeln. Lauch putzen, waschen und fein würfeln. Kartoffeln pellen und grob würfeln. Knoblauch fein hacken. Parmesan fein reiben.

2 1 EL Butterschmalz in einer beschichteten Pfanne erhitzen. Pilze darin 5 bis 6 Minuten rundherum goldbraun braten. Aus der Pfanne nehmen.

3 Backofen auf 180 °C (Gas 3, Umluft 160 °C) vorheizen.

4 Restliches Butterschmalz in die Pfanne geben und erhitzen. Die Kartoffeln darin 10 bis 12 Minuten hellbraun braten. Lauch und Knoblauch zugeben und 3 bis 4 Minuten mitbraten. Pilze zugeben und mit Salz und Pfeffer würzen.

5 Eier trennen. Eigelbe mit dem Schneebesen schaumig schlagen. Eiweiße mit 1 Prise Salz mit dem Schneebesen leicht aufschlagen. Beides mit der Hälfte vom geriebenen Parmesan mischen und in die Pfanne geben. Zusätzlich mit etwas geriebenem Parmesan bestreuen und bei niedriger bis mittlerer Hitze 4 bis 5 Minuten zugedeckt stocken lassen.

6 Frittata ohne Deckel im heißen Backofen auf der mittleren Schiene in 12 bis 15 Minuten offen fertig backen.

7 Frittata aus dem Backofen nehmen, vorsichtig vom Pfannenrand lösen und auf eine Servierplatte gleiten lassen. Mit Olivenöl beträufeln, mit dem restlichen Parmesan bestreuen und servieren.

Zubereitungszeit: 50 Minuten

KÜRBISRISOTTO

ZUTATEN

(für 4 Personen)

700 g Butternutkürbis
Salz
250 g Risottoreis
  (z. B. Carnaroli)
4 EL Olivenöl
1 Zwiebel
1 Knoblauchzehe
2 Lorbeerblätter
100 ml Weißwein
4 EL Kürbiskerne
2 große Kräuterseitlinge
  (ca. 100 g)
5 Stiele Thymian
Meersalzflocken
20 g Parmesan, am Stück
3 EL Butter
Pfeffer
4 TL Kürbiskernöl

1 Kürbis schälen, entkernen und gut die Hälfte grob würfeln. Restlichen Kürbis fein würfeln und beiseitestellen. Einen Topf mit 1 1/2 l leicht gesalzenem Wasser zum Kochen bringen und die groben Kürbiswürfel darin in ca. 20 Minuten weich garen, dann herausnehmen. Kochwasser warm halten. Kürbis in der Küchenmaschine sehr fein pürieren und ebenfalls warm halten.

2 Reis in einem Topf ohne Fett 5 Minuten unter Rühren anrösten und herausnehmen.

3 2 EL Öl in den Topf geben und erhitzen. Zwiebel und Knoblauch fein würfeln und mit den feinen Kürbiswürfeln glasig dünsten. Reis zugeben und kurz mitdünsten. Lorbeerblätter zugeben, mit Weißwein ablöschen und aufkochen. Etwas heiße Kürbisbrühe zugeben. Unter Rühren garen, bis die Flüssigkeit fast verkocht ist. Erneut etwas Brühe zugeben. Auf diese Weise den Reis in 20 bis 25 Minuten bissfest gar kochen.

4 Inzwischen Kürbiskerne in einer Pfanne ohne Fett anrösten. Kräuterseitlinge in Scheiben schneiden.

5 Nach Ende der Garzeit 300 g Kürbispüree zum Reis geben, vom Herd ziehen und 3 bis 4 Minuten ruhen lassen.

6 Die Pilzscheiben mit dem restlichen Olivenöl beträufeln und in einer heißen Pfanne braten. Thymian zugeben und kurz mitbraten. Mit Meersalzflocken würzen.

7 Parmesan reiben und mit Butter unter das Risotto heben, mit Salz und Pfeffer abschmecken und auf Tellern anrichten. Das restliche Kürbispüree und die Pilze darauf verteilen. Mit Kürbiskernöl beträufeln, mit Kürbiskernen bestreuen, pfeffern und servieren.

Zubereitungszeit: 1 Stunde

GESCHMORTE RUNDE MÖHREN

mit Ricotta und Nusskrokant

ZUTATEN

(für 2–4 Personen)

600 g runde Möhren
(Sorte Pariser Markt,
alternativ Möhren in ca.
3 cm großen Stücken)

6 EL Olivenöl

4 Lorbeerblätter

1 Zweig Rosmarin

6 Wacholderbeeren

400 ml Mineralwasser
mit Kohlensäure

100 g gehackte Hasel-
nüsse

2 EL Zucker

1 EL Meersalzflocken

250 g Ricotta

3 EL Leinöl

Muskatnuss

Salz

Pfeffer

1 Möhren unter fließendem Wasser mit der Gemüsebürste abschrubben.
4 EL Olivenöl in einem Topf erhitzen und die Möhren darin 3 Minuten
andünsten. Lorbeer, Rosmarin und Wacholderbeeren zugeben und 2 bis
3 Minuten mitdünsten. Mit Mineralwasser auffüllen und bei mittlerer
Hitze zugedeckt 12 bis 15 Minuten bissfest garen.

2 Inzwischen Haselnüsse in einer Pfanne ohne Fett goldbraun rösten. Zucker und Meersalzflocken zugeben und unter Rühren schmelzen. Nüsse
auf ein Stück Backpapier geben und abkühlen lassen.

3 Ricotta und Leinöl in einer Schüssel mit dem Schneebesen glatt rühren
und mit Muskat und Salz würzen.

4 Möhren abgießen, auf Tellern anrichten und mit Ricotta und dem restlichen Olivenöl beträufeln. Mit den Haselnüssen bestreuen, mit Pfeffer
würzen und servieren.

Zubereitungszeit: 35 Minuten

BUCHWEIZEN-BOWL
mit Zitronen-Buttermilch

ZUTATEN

(für 4 Personen)

200 g Buchweizen
Salz
3 EL Sojasauce
2 EL Haselnuss- oder
　anderes Nussöl
300 g Knollensellerie
Saft von 2 Zitronen
Zucker
1 EL Weißweinessig
2 Frühlingszwiebeln
3 Stiele Basilikum
2 Äpfel
500 ml Buttermilch
Meersalzflocken
Pfeffer
2 EL Olivenöl

1 150 g Buchweizen in kochendem Salzwasser 8 bis 10 Minuten bissfest garen. Buchweizen in ein Sieb abgießen, kalt abschrecken und abtropfen lassen. Dann in einer Schale mit Sojasauce und Nussöl mischen.

2 Restlichen Buchweizen in einer Pfanne ohne Fett 3 bis 4 Minuten rösten und abkühlen lassen.

3 Sellerie schälen, grob raspeln und mit dem Saft von 1 Zitrone, Salz, 1 Prise Zucker und Essig mischen.

4 Frühlingszwiebeln putzen und in feine Scheiben schneiden. Basilikumblätter abzupfen. Apfelfruchtfleisch erst in dünnen Scheiben vom Kerngehäuse und dann in feine Stifte schneiden.

5 Buttermilch und den Saft von 1 Zitrone in ein hohes Gefäß geben und mit dem Schneidstab schaumig mixen.

6 Buttermilch, gekochten Buchweizen, Sellerie und Apfelstifte in tiefen Tellern anrichten. Mit geröstetem Buchweizen, Frühlingszwiebeln und Basilikum bestreuen. Mit Meersalzflocken und Pfeffer würzen, mit Olivenöl beträufeln und sofort servieren.

Zubereitungszeit: 35 Minuten

»ESSEN IST EIN WESENTLICHER TEIL VON DEM, WAS WIR HEIMAT NENNEN. EIN GEFÜHL DER GEBORGENHEIT. WOHLIGKEIT.«

KRÄUTERSPARGEL
AUS DEM OFEN

ZUTATEN
(für 4 Personen)

1 kg weißer Spargel
100 g gemischte Kräuter
   (z. B. Estragon, Kerbel,
   Basilikum, Dill und
   Petersilie)
3 Lorbeerblätter
4 EL Zitronensaft
Salz
Pfeffer
Zucker
100 g Butter
100 ml Sahne

1. Backofen auf 180 °C (Gas 3, Umluft 160 °C) vorheizen.

2. Spargel schälen, die holzigen Enden entfernen und in einen ofenfesten Bräter geben. Kräuterblätter abzupfen und mit dem Lorbeer zum Spargel geben. 100 ml Wasser und Zitronensaft zugießen und mit Salz, Pfeffer und 1 Prise Zucker würzen. Butter in Flöckchen auf dem Spargel verteilen. Die Form mit einem Deckel oder mit Alufolie verschließen und im heißen Backofen 40 Minuten auf der mittleren Schiene garen.

3. Spargel aus dem Sud heben und warm halten. Sud durch ein Sieb in einen Topf passieren und etwas einkochen. Sahne zugeben und mit dem Schneidstab untermixen.

4. Spargel auf einer Servierplatte anrichten. Sauce über den Spargel geben und servieren.

Zubereitungszeit: 1 Stunde 10 Minuten

Die Menschen prägen die Esskultur eines Landes. Die normalen Menschen, nicht die Kochspezialisten. Das Volk, nicht die Elite. Und das Volk war in den meisten Ländern zu den allermeisten Zeiten arm.

Schupfnudeln sind klassische Arme-Leute-Küche. Kartoffeln, Eier, Mehl, Salz: Mehr braucht es nicht. Ein und derselbe Teig taugt auch für italienische Gnocchi. Den Unterschied macht allein die Form.

Wieso Gnocchi in deutschen Restaurants dennoch viel verbreiteter sind als Schupfnudeln? Einen möglichen Grund hat der kulinarische Ethnologe Marin Trenk mal wie folgt beschrieben: Sich von der Generation der Eltern abzuwenden bedeutete 1968 auch, sich von deren Essgewohnheiten fernzuhalten; sie galten als deutschnational. Und so standen in den WG-Küchen jener Jahre eher Spaghetti als Spätzle auf dem Herd,

SCHUPFNUDELN

eher Gnocchi als Schupfnudeln. Heute sind längst beide bei uns heimisch.

Heimatküche ist eine Küche, in der es nicht um Verzicht geht, eine arme Küche, aber keine asketische, im Gegenteil. Heimatküche ist eine Küche, die satt macht: den Magen und die Seele, eine Küche mit viel Fett und Zucker und Weißmehl, eine Küche mit viel Geschmack.

Schupfnudeln wie Gnocchi sind relativ geschmacksneutral, beide sind vor allem gut darin, die Aromen der Beilagen oder Gewürze anzunehmen und zu transportieren: Mohn oder Apfelmus, Zucker und Zimt, Sauerkraut oder Speck. Das machen beide bravourös.

Deftig wie die Heimatküche ist übrigens oft auch die Heimatsprache: Schupfnudeln werden in ihrer süddeutschen Heimat gerne Bubaspitzle genannt. Wegen ihrer Form, die angeblich an einen Knabenpenis erinnert.

»Schupfnudeln sind klassische Arme-Leute-Küche. Kartoffeln, Eier, Mehl, Salz.«

123

RESTE-SHAKSHUKA

ZUTATEN
(für 4 Personen)

Je 1 rote, grüne und gelbe
  Paprika
600 g Pellkartoffeln,
  gekocht
4 EL Olivenöl
1 TL geräuchertes Paprikapulver
2 Dosen gehackte Tomaten
  (à 400 g EW)
Salz
Pfeffer
1 TL getrockneter Oregano
8 Eier (M)
40 g Parmesan, am Stück

1 Den Backofengrill vorheizen.

2 Die Paprika vierteln, putzen und mit der Hautseite nach oben auf ein Backblech legen. Unter dem Backofengrill 10 bis 12 Minuten rösten, bis die Haut leicht schwarz wird. Aus dem Backofen nehmen, 5 Minuten mit einem feuchten Tuch bedecken und anschließend häuten.

3 Inzwischen Kartoffeln pellen und in ca. 1 cm dicke Scheiben schneiden.

4 Öl in einer Pfanne erhitzen. Kartoffeln darin bei mittlerer Hitze ca. 15 Minuten von beiden Seiten goldbraun braten. Paprika in Streifen schneiden und mit dem geräucherten Paprikapulver zugeben, kurz mitbraten. Tomaten zugeben und mit Salz, Pfeffer und Oregano würzen. Bei mittlerer Hitze 10 bis 15 Minuten offen einkochen. Mit Salz und Pfeffer abschmecken.

5 Acht Mulden in die Tomatensauce drücken. Eier einzeln aufschlagen und in die Mulden geben. Eiweiß jeweils vorsichtig in die Sauce rühren. Die Eier offen in 10 bis 15 Minuten bei mittlerer Hitze stocken lassen. Parmesan hobeln, Shakshuka damit bestreuen und servieren.

Zubereitungszeit: 50 Minuten

FISCH

OFENFORELLE
mit Cima di Rapa

ZUTATEN

(für 2 Personen)

4 Stiele Petersilie

2 Stiele Salbei

70 g Parmesan, am Stück

80 g Semmelbrösel

Salz

Pfeffer

8 EL Olivenöl

2 Forellen à ca. 350 g
  (küchenfertig)

1 Bio-Zitrone

2 EL Zucker

500 g Cima di Rapa
  (wilder Brokkoli)

3 Knoblauchzehen

1 Petersilien- und Salbeiblätter abzupfen, Parmesan fein reiben. Zusammen mit Semmelbröseln, ½ TL Salz und Pfeffer im Küchenmixer fein pürieren. 4 EL Öl zugeben und untermixen.

2 Backofen auf 200 °C (Gas 4, Umluft 180 °C) vorheizen.

3 Forellen waschen, trocken tupfen, die Haut mit einem scharfen Messer mehrmals einschneiden. Innen und außen leicht mit Salz und Pfeffer würzen.

4 Ein Backblech mit Backpapier belegen. 1/3 der Brösel auf dem Blech verteilen und die Forellen auf die Brösel legen. Forellen mit den restlichen Bröseln bestreuen und leicht andrücken. Mit je 1 EL Öl beträufeln.

5 Zitrone halbieren, die Enden abschneiden, die Schnittflächen mit je 1 EL Zucker bestreuen und auf das Blech setzen. Im heißen Backofen auf der mittleren Schiene 20 Minuten garen.

6 Inzwischen Brokkoli putzen, waschen und in Stücke schneiden. Zarte Blätter und Blattstiele klein schneiden. Knoblauch in dünne Scheiben schneiden.

7 Restliches Öl in einer Pfanne erhitzen. Brokkoli darin bei starker Hitze 3 bis 4 Minuten rundherum braten. Knoblauch zugeben und bei mittlerer Hitze weitere 2 bis 3 Minuten braten. Der Brokkoli soll noch bissfest sein. Mit Salz und Pfeffer würzen.

8 Forellen mit dem Brokkoli und den Zitronen anrichten und servieren.

Zubereitungszeit: 45 Minuten

SAIBLING
mit Radieschen-Apfel-Salat

ZUTATEN

(für 2 Personen)

8 Radieschen mit Grün

3 EL Zitronensaft

1 großer roter Apfel

1 Avocado

3 EL Olivenöl

2 Saiblingsfilets mit Haut
   (à ca. 180 g)

Salz

4 EL Butter

Meersalzflocken

1 Radieschen putzen und in feine Scheiben hobeln oder schneiden. Mit einigen zarten Radieschenblättern in kaltes Wasser legen.

2 200 ml kaltes Wasser und 1 EL Zitronensaft in eine Schüssel geben. Aus dem Apfel mit einem Kugelausstecher kleine Perlen ausstechen (alternativ den Apfel würfeln) und sofort ins Zitronenwasser legen.

3 Avocado schälen, den Stein entfernen und im Küchenmixer mit 2 EL Öl und 1 EL Zitronensaft sehr fein pürieren. Nach Belieben in eine Spritzflasche füllen.

4 Fischfilets mit einer Pinzette entgräten, quer halbieren und leicht salzen.

5 Butter in einer Pfanne erhitzen und aufschäumen. Die abgetropften Apfelperlen darin eine Minute rundherum braten und herausnehmen.

6 Fisch mit der Hautseite nach unten in die heiße Pfanne geben und 4 Minuten bei mittlerer Hitze braten. Dann wenden, den Herd ausschalten und 2 bis 3 Minuten gar ziehen lassen.

7 Radieschenscheiben und Blätter abtropfen lassen und mit den Apfelperlen mischen. Restlichen Zitronensaft und restliches Öl untermischen. Salat und Avocadocreme auf Tellern anrichten.

8 Die Haut von den Filets entfernen. Saibling auf den Tellern verteilen. Mit der Butter aus der Pfanne beträufeln, mit Meersalzflocken bestreuen und servieren.

Zubereitungszeit: 35 Minuten

Adan
Twin
BÖSEBÄSSE BÖSEBÄSSE
fundbureau fundbureau
SOUL
Schanzenstraße

OFFENE KÜCHEN

Als ich noch Koch in Christian Rachs »Tafelhaus« war, gab es dort zwei Tische, von denen aus die Gäste in die Küche sehen konnten. An den beiden Tischen wollte keiner sitzen, weil keiner den Köchen bei der Arbeit zusehen wollte.

Früher war es meist so: Hinter den Kulissen – in der Küche – wurde geschuftet und geschwitzt, damit auf der Bühne – im Gastraum – eine große Show geboten werden konnte. Heute hingegen sind in vielen modernen Restaurants die Küchen offen. In meiner »Bullerei« hängen Fotos aller Mitarbeiter direkt über dem großen Fenster, das den Blick aus dem Gastraum in die Küche freigibt. Das Signal: Die »Bullerei« ist

kein unpersönlicher Restaurantbetrieb, die »Bullerei« ist ein Gasthaus mit Gesicht – und Gesichtern.

Ich bin mir sicher: Wenn die Gäste in all den Restaurants mit offenen Küchen tatsächlich sehen könnten, wie hart gearbeitet wird, würden viele es nach wie vor nicht sehen wollen. Die meisten offenen Küchen sind aber nicht komplett offen, es sind Showküchen, in denen Gerichte nur noch den letzten Schliff bekommen. Fernsehkochen live.

Und dennoch: Dass die Gäste die Köche bei der Arbeit sehen, kann dazu beitragen, ihnen die Ehrfurcht vor dem Essen zu nehmen, egal wie aufwendig das Essen auch angerichtet sein mag. Heimatküche will

NEUE HEIMAT

schließlich nicht bewundert werden, sondern geliebt – und gegessen.

In einem Raum, in dem andere arbeiten, verhalten wir uns automatisch nicht so feierlich, nicht so förmlich. Dieser Effekt ist nicht zu unterschätzen. Der Reiz eines Restaurantbesuchs liegt ja seit jeher darin, sich inmitten Fremder heimisch zu fühlen. Ein Restaurant ist ein Zuhause auf Zeit, ein öffentlicher Ort – der seine Gäste doch individuell adressiert. Sie sitzen an einem eigenen Tisch, halb privat, sie wählen aus einer Speisekarte aus, worauf sie ganz persönlich Lust haben. Wenn sie an diesem öffentlichen Ort direkt erleben, dass andere für sie arbeiten, fühlen sie sich umsorgt. Ein bisschen wie zu Hause bei Mama in der Küche. Sie fühlen sich heimisch – und machen sich locker.

> »Ein Restaurant ist ein Zuhause auf Zeit, ein öffentlicher Ort, der seine Gäste doch individuell adressiert.«

FRITTIERTE BABY-CALAMARI

mit Mango, Gurke und Chiliflocken

ZUTATEN

(für 4 Personen)

1 Mango
1 rote Pfefferschote
2 rote Zwiebeln
1 Salatgurke
Salz
12 Stiele Koriander
150 ml Kokoswasser
4 EL Olivenöl
1/2 TL Zucker
2 EL Fischsauce
500 g daumengroße
   Baby-Calamari
Meersalzflocken
Chiliflocken
100 g Mehl
500 g Frittierfett oder
   neutrales Öl
   (z.B. Distelöl)

1   Mango schälen, das Fruchtfleisch vom Stein lösen und in ca. 1 cm große Würfel schneiden. Pfefferschote in Scheiben schneiden, Zwiebeln längs halbieren und in feine Streifen schneiden. Salatgurke schälen, längs vierteln und das wässrige Kerngehäuse mit einem geraden Schnitt entfernen. Gurke in ca. 1 cm große Würfel schneiden, mit 1 TL Salz bestreuen und in einer Schüssel 5 Minuten ziehen lassen. Korianderblätter abzupfen.

2   Für das Salatdressing Kokoswasser mit Olivenöl, Zucker und Fischsauce in einem hohen Gefäß mit dem Schneidstab mischen. Dressing in einer Schüssel mit Pfefferschote, Zwiebeln, Mango und Gurke vermengen.

3   Calamari kalt abspülen. Den Vorgang mehrmals wiederholen. In einem Sieb abtropfen lassen, auf Küchenpapier gründlich trocken tupfen und großzügig mit Meersalz- und Chiliflocken bestreuen. Dann mit Mehl in einer Schüssel mischen und 5 Minuten stehen lassen.

4   Inzwischen das Frittierfett in einer Wokpfanne oder einem weiten Topf erhitzen. Calamari darin portionsweise 1 bis 2 Minuten frittieren, mit der Schaumkelle herausheben und auf Küchenpapier abtropfen lassen.

5   Korianderblätter zum Salat geben, mit den Calamari anrichten und servieren.

Zubereitungszeit: 40 Minuten

👄 | Sollten Sie keine Baby-Calamari bekommen, verwenden Sie geputzte, in Stücke geschnittene Calamari à ca. 50 g.

RÄUCHERMAKRELE
im Tomatenfond

ZUTATEN

(für 4 Personen)

500 g Kartoffeln
(festkochend)
Salz
2 Dosen geschälte Tomaten
(à 400 g EW)
2 Zwiebeln
1 Räuchermakrele
(ca. 500 g)
5 Stiele Bohnenkraut
2 EL Tomatenessig
(alternativ Weißwein-
essig)
1 TL Zucker
200 g dicke Bohnenkerne
(alternativ TK-Bohnen-
kerne)
Pfeffer
Olivenöl

1 Kartoffeln waschen und mit Schale in kochendem Salzwasser 20 bis 25 Minuten weich garen. Anschließend noch warm pellen und in ca. 1 cm dicke Scheiben schneiden.

2 Inzwischen Tomaten in einem Sieb abtropfen lassen, leicht ausdrücken und den Saft auffangen. Tomaten grob hacken.

3 Zwiebeln quer halbieren und in einem Topf ohne Fett auf den Schnittflächen goldbraun rösten.

4 Makrele auslösen. Filets in Stücke teilen und beiseitelegen. Kopf, Gräten und Haut mit dem Tomatensaft, 2 Stielen Bohnenkraut, 600 ml Wasser, Essig und Zucker in den Topf zu den gerösteten Zwiebeln geben. Aufkochen und 15 Minuten bei milder Hitze kochen. Fond durch ein feines Sieb in einen Topf gießen. Warm halten.

5 Bohnenkerne in kochendem Salzwasser 2 bis 3 Minuten kochen, in ein Sieb abgießen, kalt abschrecken und abtropfen lassen. Bohnenkerne aus der Haut drücken und beiseitestellen. (TK-Bohnenkerne genauso verarbeiten.)

6 Fond mit Salz abschmecken und aufkochen. Restliches Bohnenkraut abzupfen. Tomaten, Kartoffeln, Bohnenkerne und ausgelöste Makrele auf Suppenteller verteilen. Den heißen Fond zugießen, mit Bohnenkraut und Pfeffer bestreuen, mit Öl beträufeln und servieren.

Zubereitungszeit: 35 Minuten

VENUSMUSCHEL-PAPRIKA-EINTOPF

ZUTATEN
(für 4 Personen)

1 kg Venusmuscheln
500 g rote Spitzpaprika
250 g Zwiebeln
2 Knoblauchzehen
800 g Pellkartoffeln,
  gekocht
2 Kumquats (alternativ
  2 Stück Orangenschale)
5 EL Olivenöl
1 EL edelsüßes Paprika-
  pulver
1 l Hühner- oder Gemüse-
  brühe
50 ml trockener Sherry
Salz
Pfeffer
4 Stiele Petersilie

1 Muscheln in eine große Schüssel geben, mit kaltem Wasser bedecken, 30 Minuten stehen lassen, damit sie den Sand absondern. Beschädigte und bereits geöffnete Muscheln, die sich auch nach leichtem Klopfen nicht mehr schließen, unbedingt aussortieren.

2 Inzwischen Paprika halbieren, entkernen und in mundgerechte Stücke schneiden, Kerne entfernen. Zwiebeln fein würfeln, Knoblauch in Scheiben schneiden. Kartoffeln pellen und ca. 2 cm groß würfeln. Kumquats in Scheiben schneiden.

3 3 EL Öl in einem großen Topf erhitzen. Paprika, Zwiebeln und Knoblauch darin glasig dünsten. Paprikapulver zugeben und unter Rühren kurz mitdünsten. Kartoffeln und Kumquats zugeben und mit Brühe auffüllen. Aufkochen und 20 Minuten bei mittlerer Hitze kochen.

4 Muscheln und Sherry zugeben, aufkochen und 5 Minuten zugedeckt garen. Nicht geöffnete Muscheln entfernen. Eintopf mit Salz und Pfeffer abschmecken. Petersilie hacken und darüberstreuen, mit dem restlichen Öl beträufeln und servieren.

Zubereitungszeit: 45 Minuten

»JAHRZEHNTELANG HATTEN DIE DEUTSCHEN
FERNWEH. WER ES SICH LEISTEN KONNTE,
REISTE IM SOMMER NACH ITALIEN, SPANIEN,
GRIECHENLAND. ZURÜCK ZU HAUSE, GING
ER BEIM ITALIENER, SPANIER, GRIECHEN ESSEN.
WER ES SICH HEUTE LEISTEN KANN, MACHT
URLAUB AN DER NORDSEE UND ISST
RADIKAL REGIONAL.«

MISO-LACHS
mit dicken Bohnen

ZUTATEN

(für 2–4 Personen)

400 g Lachs, ohne Haut
4 EL helle Misopaste
Pfeffer
1 kg dicke Bohnen (alternativ 300 g TK-Bohnenkerne)
Salz
60 g Wildkräutersalat
2 EL Sojasauce
3 EL Olivenöl

1 Fisch auf einen Teller legen und die Oberseite mit der Misopaste bestreichen. Mit Pfeffer würzen und abgedeckt mindestens 12 Stunden kalt stellen.

2 Am nächsten Tag Bohnen palen (aus den Schoten pulen) und die Bohnenkerne in kochendem Salzwasser 3 Minuten garen. Bohnen abgießen, abschrecken und die Bohnenkerne aus den Hülsen drücken. (TK-Bohnenkerne genauso verarbeiten.)

3 Salat waschen und trocken schleudern. Sojasauce, 2 EL Wasser und 3 EL Olivenöl verrühren und mit Pfeffer würzen.

4 Fisch aus dem Kühlschrank nehmen und die Misopaste mit einem Löffel entfernen. Fisch längs halbieren und mit dem Bunsenbrenner 2 bis 3 Sekunden abflämmen. Dann in ca. 1 cm dicke Scheiben schneiden (alternativ den Fisch vor dem Schneiden in einer sehr heißen beschichteten Pfanne auf einer Seite 30 Sekunden braten).

5 Bohnen und Salat mit dem Dressing mischen, zusammen mit dem Lachs anrichten und servieren.

Zubereitungszeit: 20 Minuten + 12 Stunden Kühlzeit

HERING
mit Bärlauch-Kartoffelsalat

ZUTATEN
(für 4 Personen)

800 g Kartoffeln
(festkochend)
1 TL Kümmelsaat
2 Lorbeerblätter
Salz
20 g Bärlauch
80 ml Traubenkernöl
3 rote Zwiebeln
2 EL Zucker
1 säuerlicher Apfel
4 EL Balsamessig
250 ml Hühnerbrühe
8 doppelte Heringfilets
(à ca. 65 g)
Pfeffer
60 g Mehl
5 EL neutrales Öl
(z.B. Distelöl)

1 Kartoffeln ungeschält mit Kümmel und Lorbeer in Salzwasser garen. Das dauert je nach Größe 20 bis 30 Minuten. Abgießen und abkühlen lassen.

2 Bärlauch waschen, trocken schleudern und grob klein schneiden. Mit dem Traubenkernöl und 1 Prise Salz in ein hohes Gefäß geben und mit dem Schneidstab fein pürieren.

3 Zwiebeln fein würfeln und mit 1 EL Zucker und 1 TL Salz bestreuen. Apfel fein würfeln und mit dem Balsamessig untermischen.

4 Kartoffeln pellen. Hühnerbrühe aufkochen, 1 TL Salz und 1 EL Zucker zugeben und in eine Schüssel füllen. Kartoffeln in Scheiben schneiden, nach und nach in die warme Brühe geben und leicht sämig rühren. 2/3 vom Bärlauchöl untermischen.

5 Fisch kalt abspülen, trocken tupfen und mit Salz und Pfeffer würzen. Mehl auf einen Teller geben und die Filets darin wenden.

6 Öl in einer Pfanne erhitzen und die Filets darin portionsweise knusprig braten. Auf Küchenpapier abtropfen lassen.

7 Kartoffelsalat und Heringsfilets mit den sauren Zwiebeln anrichten und mit dem restlichen Bärlauchöl beträufelt servieren.

Zubereitungszeit: 1 Stunde 15 Minuten

SCHOLLENRÖLLCHEN
mit Rahmspinat und sauren Pilzen

ZUTATEN
(für 4 Personen)

150 g weiße Buchenpilze
   (alternativ kleine
   Kräuterseitlinge)
4 EL Sojasauce
4 EL Mirin
2 EL Weißweinessig
500 g Blattspinat
Salz
4 Knoblauchzehen
2 Schalotten
100 g weiche Butter
2 EL fein abgeriebene
   Bio-Zitronenschale
Pfeffer
2 EL Semmelbrösel
100 ml Sahne
Muskatnuss
4 Schollenfilets
   (à ca. 180 g)
3 EL Olivenöl
3 EL trockener Wermut
   (alternativ Weißwein
   oder Wasser)

1 Pilze putzen, mit Sojasauce, Mirin und Essig in einen Topf geben, aufkochen und vom Herd nehmen.

2 Spinat putzen (die Stiele mitverwenden), waschen und in kochendem Salzwasser blanchieren. Spinat in ein Sieb abgießen, kalt abschrecken und fein hacken. 2 Knoblauchzehen fein hacken, Schalotten fein würfeln.

3 80 g Butter mit den übrigen 2 Knoblauchzehen, Zitronenschale, Salz, Pfeffer und Semmelbröseln im Küchenmixer glatt pürieren.

4 Restliche Butter in einem Topf erhitzen. Schalotten und Knoblauch darin glasig dünsten. Spinat zugeben und kurz mitdünsten. Sahne zugeben, mit Salz, Pfeffer und Muskat würzen und 5 bis 6 Minuten bei mittlerer Hitze garen. Anschließend warm halten.

5 Fisch längs halbieren, sodass insgesamt 8 Filets entstehen. Schollenfilets mit der Knoblauch-Brösel-Butter bestreichen und aufrollen. Olivenöl in einer kleinen hohen Pfanne erhitzen. Schollenröllchen mit der Nahtseite nach unten nebeneinander in die Pfanne setzen. Mit Wermut ablöschen und zugedeckt 7 bis 8 Minuten bei niedriger Hitze garen. Dann vom Herd nehmen und 3 bis 4 Minuten ziehen lassen.

6 Schollenröllchen mit dem Spinat und den sauren Pilzen anrichten und servieren.

Zubereitungszeit: 50 Minuten

BACKFISCH
MIT POMMES

ZUTATEN
(für 4 Personen)

250 g Mehl
1/2 Pk. Backpulver
450 ml alkoholfreies Pils
3 Tomaten
5 Stiele Estragon
150 g Mayonnaise
1 TL Tomatenmark
1 EL geriebener Meerrettich (aus dem Glas)
1 TL edelsüßes Paprikapulver
Salz
1 kg große Kartoffeln (festkochend)
1 1/2 l Frittieröl
800 g Steinbeißerfilet oder Seelachs
Meersalzflocken
1 Zitrone

1 Mehl, Backpulver und Bier in einer Schüssel glatt rühren und 45 Minuten ruhen lassen.

2 Inzwischen Tomaten vierteln, entkernen und die Schale mit einem scharfen Messer entfernen. Fruchtfleisch fein würfeln. Estragonblätter abzupfen und fein hacken. Beides mit Mayonnaise, Tomatenmark, Meerrettich und Paprikapulver verrühren und mit Salz würzen.

3 Kartoffeln schälen, in ca. 2 cm dicke Pommes schneiden und gründlich trocken tupfen. Öl in einem großen weiten Topf erhitzen. Pommes darin portionsweise goldbraun frittieren und auf Küchenpapier abtropfen lassen.

4 Fisch in ca. 8 x 4 cm große Stücke schneiden und durch den Ausbackteig ziehen. Portionsweise im heißen Öl 4 bis 5 Minuten goldbraun frittieren. Anschließend auf Küchenpapier abtropfen lassen. Die Pommes zurück in das heiße Öl geben und weitere 2 bis 3 Minuten knusprig frittieren. Auf Küchenpapier abtropfen lassen und mit Salz würzen.

5 Fisch mit Meersalzflocken würzen. Die Zitrone vierteln. Fisch mit Pommes, Mayonnaise und Zitronenspalten anrichten und sofort servieren.

Zubereitungszeit: 1 Stunde

FLEISCH

KOTELETT-BRATEN

mit Kürbis, Apfel und Senf

ZUTATEN
(für 4–6 Personen)

1,6 kg Schweinekotelett-
   braten mit Schwarte
Salz
700 g Hokkaidokürbis
3 säuerliche Äpfel
2 Zwiebeln
60 g Butter
1 TL mildes Currypulver
8 Stiele Majoran
Pfeffer
1 Prise Zucker
100 g grober Senf

1 Fleisch mindestens 2 Stunden vor der Zubereitung aus dem Kühlschrank nehmen. Backofen auf 240 °C (Gas 6, Umluft nicht geeignet) vorheizen.

2 Fleisch rundherum mit Salz würzen und mit der Schwarte nach oben in einen flachen Bräter setzen. Im heißen Backofen auf der mittleren Schiene 80 Minuten garen. Nach ca. 50 Minuten immer wieder kontrollieren, dass die Schwarte nicht verbrennt. Wenn die Schwarte vor Ende der Garzeit schon knusprig genug ist, diese einfach vom Fleisch ablösen und aus dem Ofen nehmen. Das Fleisch weitergaren.

3 Inzwischen Kürbis waschen, halbieren, entkernen und grob reiben. Äpfel waschen und um das Kerngehäuse herum grob reiben. Zwiebeln ebenfalls grob reiben.

4 Butter in einem Topf erhitzen. Apfel- und Zwiebelraspel darin glasig dünsten. Kürbis zugeben und 5 Minuten mitdünsten. Currypulver und 4 Stiele Majoran zugeben und zugedeckt bei niedriger Hitze 15 bis 20 Minuten garen. Mit Salz, Pfeffer und Zucker würzen.

5 Fleisch aus dem Ofen nehmen und 10 Minuten ruhen lassen. Dann in Scheiben schneiden und mit dem Kürbis-Apfel-Gemüse, restlichem Majoran und Senf anrichten und servieren.

Zubereitungszeit: 1 Stunde 40 Minuten

GESCHMORTE LAMMSCHULTER
mit Auberginenmus

ZUTATEN
(für 4 Personen)

250 g Möhren
100 g Staudensellerie
120 g Zwiebel
1 Knoblauchknolle
1 Bio-Orange
2 Lammschultern
   (à ca. 850 g)
Salz
Pfeffer
1 EL Wacholderbeeren
10 Lorbeerblätter
1 Flasche Pils (330 ml)

AUBERGINENMUS
600 g Auberginen
Salz
4 EL Olivenöl
1 Zwiebel
150 g Tomaten
1 Knoblauchzehe
3 Anchovisfilets (Sardellen) in Öl (optional)
Pfeffer
1 Spritzer Zitronensaft

1 Möhren schälen und quer halbieren. Staudensellerie quer dritteln. Zwiebeln längs vierteln. Knoblauchknolle etwas putzen und ganz lassen. Orange waschen und in Scheiben schneiden.

2 Backofen auf 240 °C (Gas 6, Umluft 220 °C) vorheizen.

3 Fleisch rundherum mit Salz und Pfeffer würzen und mit dem Fettdeckel nach oben in einen flachen und weiten Bräter setzen. Die vorbereiteten Zutaten um das Fleisch verteilen. Wacholderbeeren, Lorbeerblätter und Bier zugeben und mit ca. 1,2 bis 1,5 l Wasser bis zum Fettdeckel der Lammschultern auffüllen.

4 Im heißen Backofen 45 Minuten garen. Dann die Hitze auf 160 °C (Gas 2, Umluft 140 °C) herunterschalten und weitere 2 1/2 bis 3 Stunden garen, bis das Fleisch löffelzart ist.

5 Möhren, Sellerie und Fleisch aus dem Fond nehmen und mit dem Auberginenmus (siehe unten) servieren. Fond und Knoblauchknolle mitservieren.

Zubereitungszeit: 3 Stunden 45 Minuten

AUBERGINENMUS

1 Auberginen würfeln und mit 1 TL Salz bestreuen.

2 3 EL Olivenöl in einem Topf erhitzen. Zwiebel grob würfeln und mit den Auberginen mit Farbe anbraten. 100 ml Wasser zugeben und zugedeckt 20 Minuten bei mittlerer Hitze schmoren. Dann aus dem Topf nehmen, leicht abkühlen lassen, mittelfein hacken und in eine Schüssel geben. Tomaten, Knoblauch und Anchovis fein hacken und zu den Auberginen geben. Mit Salz, Pfeffer und Zitronensaft abschmecken, mit dem restlichen Olivenöl beträufeln und zur geschmorten Lammschulter servieren.

Zubereitungszeit: 35 Minuten

Es gibt sie überall: Hackfleischbällchen. Die Schweden nennen sie Köttbullar, die Türken Köfte, die Griechen Keftedes, die Kroaten, die Bosnier und die Serben Ćevapčići, die Araber Kibbeh. Und die Deutschen? Die können sich nicht mit einem Namen begnügen, so lieb haben sie sie: Frikadelle, Bulette, Fleischpflanzerl. Oder doch Fleischküchle?

Hack hat zwei Vorteile: Es ist auch aus günstigem Fleisch herstellbar. Und es ist extrem schnell gar. Das macht es zur idealen Zutat für volkstümliche Gerichte. Und Hackfleischbällchen zu einem idealen Einsteigergericht für Köche. Ein Frikadellenbrötchen: Das ist eine der wenigen Sachen, die du an einer Raststätte essen kannst.

Hackfleischbällchen sind ein gefälliges Gericht. Es schmeckt fast jedem.

FRIKADELLEN

Was daran liegt, dass Hack kaum nach Fleisch schmeckt. Es nimmt den Geschmack der Gewürze, Soßen und Beilagen an, die mit ihm kombiniert werden. Für Kleinkinder sind Hackfleischbällchen ebenso geeignet wie für Senioren. Sie lassen sich fast ohne Zähne essen. Und selbstverständlich ohne Besteck. Frikadellen: Das ist Fingerfood aus einer Zeit, als der Name Fingerfood noch nicht in Mode war.

Als ich jung war, gab es keine Party ohne Frikadellen. Was in den Achtzigern die Frikadelle mit Nudelsalat, das war in den Neunzigern Tomate-Mozzarella-Basilikum und in den Nuller Jahren die Quiche. Heute ist es Couscous.

Frikadellen aber werden für mich für immer nach Bowle schmecken und nach Kuschelrock vier.

Ran an die Buletten!

»Frikadellen werden für mich für immer nach Bowle schmecken und nach Kuschelrock vier.«

SCHNITZEL
mit Gurkensalat

ZUTATEN

(für 4 Personen)

4 EL Apfelessig

40 g getrocknete
Cranberrys

1 große Salatgurke

Salz

1 Bund Dill

1 rote Zwiebel

5 EL Traubenkernöl

4 dünne Schweineschnitzel
aus der Oberschale
(à 150 g)

4 Eier (M)

4 EL Sahne

75 g Mehl

200 g Semmelbrösel

150 g Tafelmeerrettich
(scharf, aus dem Glas)

100 g Butterschmalz

Pfeffer

Meersalzflocken

1 Zitrone

8 Stiele Petersilie
(optional)

1 Für den Salat Essig und Cranberrys in eine Schüssel geben und 10 Minuten einweichen.

2 Gurke schälen, in dünne Scheiben schneiden oder hobeln, mit 1 EL Salz bestreuen und 10 Minuten ziehen lassen. Dill fein hacken, Zwiebel fein würfeln und mit Gurke und Traubenkernöl zu den Cranberrys geben und mischen.

3 Backofen auf 60 °C vorheizen.

4 Schnitzel zwischen Klarsichtfolie oder in einem großen Gefrierbeutel flach klopfen. Eier mit Sahne und 1 TL Salz verquirlen. Mehl und Semmelbrösel jeweils in eine flache Schale geben.

5 Die Schnitzel auf beiden Seiten mit Meerrettich bestreichen, nacheinander in Mehl, Eiern und Semmelbröseln wenden und die Panierung gut andrücken. Butterschmalz in einer großen Pfanne erhitzen. Die Schnitzel portionsweise schwimmend bei mittlerer Hitze von jeder Seite 4 bis 5 Minuten goldbraun braten. Während des Bratens immer wieder mit Fett beschöpfen – so entstehen die Wellen in der Panierung.

6 Fertig gebratene Schnitzel kurz auf Küchenpapier abtropfen lassen und auf einer Platte im Ofen warm halten. Auf diese Weise alle Schnitzel zubereiten.

7 Gurkensalat mit Salz und Pfeffer abschmecken und mit den Schnitzeln anrichten. Mit Meersalzflocken bestreuen und mit den Zitronenspalten servieren.

Zubereitungszeit: 1 Stunde

💋 | 8 Stiele Petersilie zupfen, gründlich trocken tupfen und in Mehl wenden. Überschüssiges Mehl abklopfen und im heißen Fett ca. 20 Sekunden frittieren. Als Garnitur verwenden.

MINUTEN-STEAK

ZUTATEN
(für 4 Personen)

1 Schalotte
1 rote Pfefferschote
5 Stiele Koriander
70 ml Sojasauce
6 EL Olivenöl
1 EL geröstetes Sesamöl
1 TL brauner Zucker
3 EL Zitronensaft
Pfeffer
4 Rinder-Minutensteaks
   ohne Fett und Sehnen
   (à ca. 140 g)

1 Schalotte sehr fein würfeln. Pfefferschote und Koriander mit den zarten Stielen fein hacken. Sojasauce, 4 EL Olivenöl, Sesamöl, Zucker, Zitronensaft und 4 EL Wasser verrühren. Schalotte, Pfefferschote und Koriander zugeben und mit Pfeffer würzen.

2 Steaks mit je 1/2 EL Olivenöl einreiben. Eine Grillpfanne stark erhitzen. Die Steaks darin portionsweise bei starker Hitze auf jeder Seite 2 Minuten braten. Anschließend kurz ruhen lassen.

3 Die Steaks in Scheiben schneiden und mit der Vinaigrette beträufelt servieren.

Zubereitungszeit: 25–30 Minuten

»HEIMAT IST WANDELBAR, GESCHMACK
IST ES AUCH. DEUTSCHLAND SCHMECKT
2018 ANDERS ALS 1958.«

GEFÜLLTE KALBSKOTELETTS
mit sahnigem Salat

ZUTATEN

(für 2–4 Personen)

40 g Weißbrot ohne Rinde

5 EL Butter

4 Stiele Kerbel

5 Stiele Petersilie

200 g grobes Bratwurst-
brät

1 TL abgeriebene Bio-
Zitronenschale

Pfeffer

Salz

2 Kalbskoteletts (à ca.
500 g, ca. 4 cm hoch)

2 EL Butterschmalz

2 Zweige Rosmarin

5 Stiele Thymian

4 Lorbeerblätter

1 TL schwarze Pfefferkörner

1 Zitrone

3 EL Kapern

Zucker

2–4 Rouladennadeln oder
Zahnstocher

SALAT

4 Mini-Römersalatherzen
oder 2 kleine Römer-
salatherzen

100 ml Sahne

Saft von 1 Zitrone

Salz, Pfeffer

1/2 TL Zucker

1 Brot in ca. 1/2 cm große Würfel schneiden. 1 EL Butter in einer Pfanne aufschäumen und die Brotwürfel darin goldbraun braten. Aus der Pfanne nehmen und abkühlen lassen.

2 Kerbel und Petersilie fein hacken. Brät mit Zitronenschale, Kerbel und der Hälfte der Petersilie in einer Schüssel mischen. Mit Pfeffer und Salz würzen und die Brotwürfel unterheben.

3 Mit einem scharfen Messer waagerecht eine Tasche in die Koteletts schneiden. Mit der Brätmasse füllen und mit Spießen fixieren.

4 Backofen auf 180 °C (Gas 3, Umluft 160 °C) vorheizen.

5 Butterschmalz in einer großen Pfanne erhitzen, die Koteletts darin bei mittlerer bis starker Hitze je 3 Minuten auf jeder Seite goldbraun anbraten. Rosmarin, Thymian, Lorbeer und Pfefferkörner nach dem Wenden mit in die Pfanne geben. Dann mit Bratensaft und Kräutern auf ein mit Backpapier ausgelegtes Backblech setzen und im heißen Backofen auf der mittleren Schiene 16 bis 18 Minuten garen.

6 Zitrone so schälen, dass die weiße Haut vollständig entfernt wird. Die Zitronenfilets mit einem scharfen Messer zwischen den Trennhäuten herausschneiden.

7 Koteletts aus dem Ofen nehmen und 4 bis 5 Minuten ruhen lassen. Restliche Butter in der Pfanne aufschäumen. Kapern, 1 Prise Zucker, Zitronenfilets und restliche Petersilie zugeben, mit Pfeffer würzen und 1 Minute unter Rühren braten. Koteletts anrichten, mit der Kapern-Zitronenbutter beträufeln und mit dem Römersalat servieren.

Zubereitungszeit (inkl. Salat): 1 Stunde

RÖMERSALAT MIT ZITRONENRAHMDRESSING

1 Salat putzen, waschen und längs vierteln.

2 Sahne leicht anschlagen und mit Zitronensaft, 2 EL Wasser, Salz, Pfeffer und Zucker verrühren und abschmecken.

3 Salat auf einer Servierplatte anrichten, mit dem Dressing beträufeln und servieren.

TAFELSPITZ
im Salz-Heumantel

ZUTATEN
(für 4 Personen)

2 EL Wacholderbeeren

1 1/2 kg feuchtes grobes
  Meersalz

2 Eiweiß (M)

Schale von 1 Bio-Zitrone

1 Kalbstafelspitz
  (ca. 900 g)

Salz

Pfeffer

2 EL Butterschmalz

2 Handvoll Bio-Wiesenheu

1 l Milch

800 g Schwarzwurzeln

5 EL Olivenöl

3 Stiele Petersilie

1 TL Butter

1 Backofen auf 180 °C (Gas 3, Umluft 160 °C) vorheizen.

2 Wacholderbeeren im Mörser leicht zerdrücken. Meersalz in einer Schüssel
   mit Eiweiß, Zitronenschale und Wacholderbeeren mischen.

3 Fleisch rundherum salzen und pfeffern. Butterschmalz in einer Pfanne erhitzen und das Fleisch darin rundherum 8 bis 10 Minuten goldbraun anbraten.

4 Eine Auflaufform mit Backpapier auslegen und 1/3 vom Salz darauf verteilen. Eine Handvoll Heu auf das Salz geben. Tafelspitz auf das Heu legen
   und mit dem restlichen Heu und Salz bedecken, leicht andrücken und glatt
   streichen.

5 Im heißen Backofen 45 bis 50 Minuten garen.

6 Inzwischen Milch in eine Schüssel füllen. Die Schwarzwurzeln mit Gum-
   mihandschuhen schälen, beide Enden abschneiden und den Rest abspülen.
   Dann in ca. 6 cm lange Stücke schneiden und sofort in die Milch legen,
   sonst laufen sie braun an.

7 Tafelspitz am Ende der Garzeit aus dem Backofen nehmen und 10 Minuten
   ruhen lassen. Schwarzwurzeln in einem Sieb abspülen und trocken tupfen.
   3 EL Öl in einer Pfanne erhitzen und die Schwarzwurzeln darin rundherum 6 bis 8 Minuten braten. Dabei mit Salz würzen. Petersilie hacken und
   mit der Butter zugeben, kurz mitbraten.

8 Salzkruste mit einem Brotmesser aufklopfen, vorsichtig lösen und abheben. Tafelspitz mit den Schwarzwurzeln anrichten, mit dem restlichen Öl
   beträufeln und servieren.

Zubereitungszeit: 1 Stunde 30 Minuten

Ich koche wie ich fühle.

Tim Mälzer über den Geschmack seiner Kindheit und ein Gericht, das er beim Kosenamen nennt.

In deinem Hamburger Restaurant, der »Bullerei«, hängt ein Werk des Künstlers Stefan Strumbel: eine große, blinkende Kuckucksuhr mit einem Hirschgeweih, gekreuzten Piratenknochen und Gewehren, dazu die Leuchtschrift: »What the fuck ist Heimat?« Hast du eine Antwort?
Essen. Essen ist ein wesentlicher Teil von dem, was wir Heimat nennen. Ein Gefühl der Geborgenheit. Wohligkeit.

Wonach schmeckt für dich Heimat?
Nach Steckrübeneintopf. Das ist eins der wenigen Gerichte, bei denen ich einen Geschmack mit einer konkreten Person verbinde: meiner Urgroßmutter.

Ist ein Rezept von ihr überliefert?
Ich bin der Einzige in der Familie, der dem Original nahekommt, ich würze meiner Erinnerung hinterher. Das Geheimnis ist vermutlich, dass meine Urgroßmutter mehr Kartoffeln als Steckrüben genommen hat, weil Rüben früher noch richtig bitter und erdig waren. Dazu dann Karotten und Speck, eventuell noch Zwiebeln, aber das ist nicht so zwingend notwendig.

Welches andere Gericht macht dich nostalgisch?
Roastbeef, weil das meine Oma immer gemacht hat. Sie hat alles falsch gemacht, es war trotzdem das beste Roastbeef der Welt. Profis parieren alles schön, braten es in der Pfanne an, streichen es mit Senf ein, stecken es bei 160 Grad in den Ofen. Meine Oma: der Ofen höchste Stufe, das Fleisch ohne Anbraten rein. Wenn es von außen verbrannt war, hat sie die Temperatur runtergedreht und es im Ofen ziehen lassen, bis es fertig war.

Lässt du das Roastbeef heute auch so verbrennen?
Das wäre mir zu krass. Aber das Roastbeef meiner Oma ist sicher eines der Gerichte, die dazu geführt haben, dass mich Niedrigtemperaturgaren nicht berührt. Die Gerichte sind perfekt, aber mich langweilen die. Mein Kochstil besteht darin, manchmal einen bewussten Fehler zu setzen. Das ist meine Handschrift. Ich benutze zum Beispiel ein Produkt, das kaum noch jemand benutzt: den guten alten Branntweinessig. Branntweinessig ist

nicht subtil, er hinterlässt seine Spuren, aber ich mag Branntweinessig.

Wie eine kleine Macke, die einem alten Möbel erst Charakter gibt.
Wie Patina bei einem Erbstück. Meine Küche ist eine Küche, die Geschichten erzählt.

Wo bist du zu Hause?
In Hamburg. Aber wenn du mich fragst: Was bist du? Werde ich immer sagen: Ich bin Norddeutscher. Das prägt mich. Ich bin eher Schleswig-Holsteiner als Hamburger, ich bin eher Bauer als Kaufmann. Meine Urgroßeltern hatten eine Baumschule.

Norddeutsche gelten als zurückhaltend und knorrig. Trifft das auch auf die norddeutsche Küche zu?
Das würde ich sagen. Norddeutsche Küche hat nichts Überbordendes. Selbst unsere Desserts sind eher Milchspeisen als Mehlspeisen, suppige Angelegenheiten.

Woran liegt das?
Je protestantischer die Region, desto karger die Küche. Je katholischer, desto opulenter.

Ist das nicht ein Klischee?
Das ist ein Klischee, aber das Klischee stimmt. Je weiter nach Süden wir schauen, desto fleischiger, saftiger, soßiger wird die Küche. Desto traditioneller auch. Wenn wir von einer deutschen Küche reden, reden wir fast ausschließlich von einer süddeutschen Küche: Schweinsbraten, Klöße, Kraut.

Deutschland schmeckt nach Schwein.
Absolut. Vom Braten über das Schnitzel bis zum Hack, dazu noch die Kartoffel. Wobei die heutige deutsche Küche nicht mehr so klar zu greifen ist. Die heutige deutsche Küche, das ist auch Pasta.

Stimmt es, dass du Dosenravioli magst?
Ich darf sie nicht mehr mögen, als Profikoch, ich weiß. Aber ich liebe sie. Meine Mutter war alleinerziehend, eine Alt-68erin, die jeden Hippie-Scheiß mitgemacht hat. Bis auf Körnerfresserei, von der hat sie Gott sei Dank die Finger gelassen. Das Mittagessen kam

bei uns immer aus der Großküche Junicke, in der sie im Vertrieb gearbeitet hat. Abends hat meine Mutter überwiegend frisch gekocht, aber manchmal gab es auch Dosenravioli. Meine Kindheit schmeckt nach Dosenravioli.

Ein trauriger Satz.
Überhaupt nicht. Ich war Schlüsselkind und trotzdem gut versorgt. Auch Dosenravioli können emotional etwas sehr, sehr Feines sein. Deshalb liebe ich sie doch so.

Gibt es ein Essen aus Kindertagen, das dich bis heute tröstet, wenn`s mal nicht so läuft?
Wackelpeter. Bei mir stehen mindestens sechs Packungen im Kühlschrank, es muss immer Wackelpeter da sein. Gerade gestern hab ich einen gegessen – und dabei gemerkt, dass die Kühlschranktemperatur verstellt war. Der war weicher, der war nicht so glibberig, der hat sich nicht so schlubbern lassen. Ich bin Wackelpeter-Experte.

Die »Bullerei« liegt in Fußnähe zum Millerntor. Anders als viele denken, bist du aber HSV-Fan. Wieso das?
Ich mag St. Pauli, die Stimmung im Stadion und im Stadtteil, auch die Haltung des Vereins. Aber das erste Stadion, in dem ich als kleiner Junge mit meinem Vater war, war das Volksparkstadion. Der HSV war damals der Verein, für den man war, hier im Norden. Der coole Verein. Nur weil das jetzt anders ist, lasse ich mir das nicht ausreden. Ich bin kein Wendehals.

Welches Frustessen hilft nach einer HSV-Niederlage?
Frustsaufen. Mit Essen kommt man da schon lange nicht mehr weiter.

Gehört eine Stadionwurst zur Esskultur? Oder kriegst du die nicht runter?
Exquisites Essen im Stadion ist dämlich, ich bin ein Anhänger der Wurst. Ich mache das Catering in der VIP-Lounge des HSV – und hab selbst da halbe Hummer und Lachsschnittchen aus dem Angebot geworfen. Jetzt gibt´s fußballaffines Essen, Würstchen, ganze Rinderkeule, so was. Schon edel, aber nicht exquisit. Bestimmte Mo-

>>Heimat schmeckt für mich nach Steckrübeneintopf. Das ist eins der wenigen Gerichte, bei denen ich einen Geschmack mit einer konkreten Person verbinde: meiner Urgroßmutter.<<

mente müssen nicht feiner gemacht werden als sie sind.

Was kochst du privat?

Nichts Raffiniertes. Kühlschrank auf und gucken, was da ist. Meistens Pasta, pfannengeschwenkt. Oder Nudelsalat, sehr klassisch, sehr mayonaisig. Auch Grillen hat für mich was ganz Spontanes, ich mach nichts Eingewickeltes, keinen Heckmeck. Grillen ist für mich: Fleisch, Salat, Bier, Wein, fertig. Meine Rippchen, die geilsten Rippchen der Welt, werden immer abgefeiert. Die koche ich im Topf, dann mache ich eine miese, dicke, fette Marinade ran, dann packe ich sie auf den Grill, lasse sie ein bisschen verbrennen – und alle finden es geil.

Kochst du eher mittags oder abends?

Abends. Oft auch ganz klassisch Abendbrot, in einer deutsch-italienischen Version: diverse Gemüsesorten in der Pfanne anbraten, nebeneinander auf dem Teller anrichten, bei der einen Parmesan drüber, bei der nächsten Anchovis, bei der dritten Kräuteröl. Und schon hab ich Antipasti. Ein gutes Brot dazu, fertig.

Was ist deine Stärke als Koch?

Ich habe das Alphabet gelernt und schaffe es relativ unangestrengt, diese Buchstaben zu sinnigen Sätzen zusammenzufügen. Aber ein Pulitzerpreis wird dabei nicht rauskommen. Ich koche, wie ich fühle. Sehr intuitiv.

In deiner Vox-Show »Kitchen Impossible« geht es darum, lokale Spezialitäten ohne Kenntnis der Zutaten nachzukochen. Hat dir die Show mehr Respekt eingeflößt vor Heimatküchen?

Die Show hat der Philosophie Rückenwind gegeben, die ich seit 15 Jahren predige: Es geht nicht um edle Perfektion. Essen hat mehr als eine Rezeptur, Essen hat Persönlichkeit. Ein Rösti zum Beispiel: Das ist Kartoffel, gerieben, in der Pfanne knusprig ausgebacken, dankeschön und tschüss. Wenn man die Köche sieht, die das im Fernsehen zelebrieren, denkt man: Alter, da ist eine Blinddarmoperation ja einfacher!

Ein Kritiker hat dir mal vorgeworfen, du würdest die Kochkunst banalisieren.

Wenn das stimmen würde, hätte ich als Koch alles geschafft, was ich schaffen wollte. Einfach zu kochen, aber gut – das ist die große Kunst. Der Mensch isst nicht mit dem Kopf, er isst mit der Zunge und mit dem Herzen.

Wovor hast du als Koch mehr Respekt: Steinbutt mit Kaviar oder Kartoffelsalat?

Die größere Herausforderung ist der Kartoffelsalat, weil jeder Gast eine Vorstellung davon hat, wie ein Kartoffelsalat zu sein hat. Meine Version konkurriert mit seiner Erinnerung. Das ist brutal schwierig. Viel schwieriger, als den Gast mit einem edlen Produkt zu beeindrucken, das er kaum kennt. Heimatküche ist kompliziert.

Was ist das schönste Kompliment eines Gastes?

Wenn es jemandem schlecht geht und er von einer Mahlzeit für zehn Minuten abgelenkt ist – dann habe ich alles geschafft. Mir geht es um Wohligkeit. Ich möchte nicht dafür gelobt werden, wie perfekt ich koche, ich möchte, dass die Leute sagen: Hm, das war richtig schön. Emotionalität, kein Perfektionismus.

Hast du ein Signature-Gericht? Ein Gericht, bei dem du alles zeigen kannst, was dir wichtig ist und was dich als Koch ausmacht?

Hühnerfrikassee. Ich bin ein Rattenfänger mit Hühnerfrikassee. Und natürlich Spaghetti Bolognese. Das braucht man nicht zu erklären, das versteht in meiner Generation jeder. Wer Spaghetti Bolo nicht versteht, versteht Essen nicht.

Bolo, ein Gericht mit Kosenamen.

Ja, eine dampfende Schüssel Nudeln, Soße dazu, Parmesan, Fläschchen Wein, bisschen Wasser, Salat: Das hat jeder schon zu Hause zelebriert. In Spaghetti Bolo steckt alles, was mein Essen ausmacht. Das Gericht macht mehr Spaß, wenn du es für viele kochst, es macht mehr Spaß, wenn du es mit vie-

>>Ich bin Wackelpeter-Experte. Bei mir stehen mindestens sechs Packungen im Kühlschrank, es muss immer Wackelpeter da sein.<<

len isst. Es kann Erinnerungen erzeugen wie nur wenige andere. Es ist ein Sofa-Essen, es ist ein Tisch-Essen, es ist ein Terrassen-Essen, es ist ein Winter-Essen. Es ist alles. Spaghetti Bolo ist für mich das perfekte Gericht.

Welche Kochkollegen inspirieren dich?
Zunächst mal inspirieren mich viele Hausfrauennummern, die Reduktion, die Einfachheit. Aber natürlich auch ein paar prominente Kollegen. Hans Haas als klassischer französischer Saucenkoch. René Redzepi, weil er den Gedanken regionaler Küche lebt, ein herausragender Koch. Und Marco Pierre White, weil er für mich der Erste war, der Essen emotionalisiert hat. Sein Kochbuch »Kulinarische Welten« ist für mich bis heute die Inspiration Nummer eins.

Du hast 5000 bis 6000 Kochbücher.
Ja, aber ich kaufe sonst kaum Bücher von Spitzenköchen, viel lieber Bücher von Landfrauen- und Heimatvereinen. Mich interessiert, was die Leute wirklich bewegt. Das Dr. Oetker Schulkochbuch zum Beispiel, das ist brillant. Eines der besten Kochbücher, die jemals veröffentlicht wurden.

Welche Länderküche schätzt du besonders?
Außer der deutschen? Die italienische, weil sie so einfach und ehrlich ist, so emotional und produktbezogen, so saisonal und regional. Und die japanische. Das Kernprodukt der japanischen Küche ist Dashi: zwei Zutaten, mehr nicht. Diese Schlichtheit! Diese Klarheit! Das bezaubert mich.

Du prahlst gerne damit, du seist der beste italienische Koch außerhalb Italiens. Bist du ein Macho am Herd?
Ach, ich bin eher eine Nonna, eine italienische Oma. Ich denke sehr italienisch, auch in Bezug auf die deutsche Küche, ich versuche sie zu emotionalisieren. Gelehrt hat mich das Gennaro Contaldo, der Küchenchef im Londoner »Neal Street Restaurant«, ein Italiener. Er ist mein Meister, meine Zen-Figur. Er hat für mich alles zusammengefügt, was mich beim Kochen bewegt

und auszeichnet. Die Tradition, die Authentizität, die Liebe zu den Produkten. Ich habe keine Lust, eine Erbsensuppe schicker zu machen als sie ist. Man kann vielleicht ihre Garzeit optimieren, sie etwas weniger zerkochen, sie etwas farbiger machen, aber man muss sie nicht dekonstruieren und dann wieder zusammensetzen. Eine Erbsensuppe ist eine Erbsensuppe.

Du nennst die »Bullerei« gerne »Pizzeria ohne Pizza«. Wie meinst du das?
Schon das Wort Restaurant ist bedeutungsschwer. Restaurant, das ist Freitagabend acht Uhr, die Schmidts verabreden sich mit den Müllers, drei Gänge, Flasche Wein, Flasche Wasser – und nach zwei Stunden gehen die Schmidts und die Müllers nach Hause. Eine Pizzeria hat eine viel niedrigere Hemmschwelle, eine Pizzeria ist cool, weil du dort einen teuren Wein trinken kannst, aber auch eine Spezi, ohne dass man dich doof anschaut. Pizzeria, das ist für mich das Synonym dafür, wie Gastronomie sein sollte: Es gibt einen Wirt, einen Raum, ein Produkt – und der Gast kommt, um all das zu genießen, das Gesamtkonzept.

Das Lokal als Zuhause auf Zeit.
Ja, das ist es. Der Gast soll sich wohl fühlen. Heimisch.

Welche Gäste willst du ansprechen?
Alle. Ich wollte in meinen Restaurants nie für eine Elite kochen, immer für eine breite Schnittmenge, weil ich selber eine breite Schnittmenge bin. Ich bin der Pinneberger und ich bin der Hamburger, ich bin der Kosmopolit und der Bauerntrampel, der Intellektuelle und der Halbstarke, der Prolet und der Feingeist. Eine gute Gastronomie führt Menschen zusammen, so unterschiedlich sie auch sein mögen. Sie bringt sie an einen Tisch.

>>Abends hat meine Mutter überwiegend frisch gekocht, aber manchmal gab es auch Dosenravioli. Meine Kindheit schmeckt nach Dosenravioli.<<

GESCHMORTER
RINDERHALS

ZUTATEN
(für 6–8 Personen)

3 Möhren
200 g Knollensellerie
3 Zwiebeln
3 Tomaten
1,8 kg Rinderhals
Salz
Pfeffer
6 EL Olivenöl
2 EL Tomatenmark
1 Flasche trockener
    Rotwein (750 ml)
3 Datteln
10 Pimentkörner
1 Sternanis
3 Zweige Rosmarin
200 g Speck
1 l Rinderfond
1–2 EL Speisestärke
500 g Knollensellerie
1 kg Kartoffeln (vorwie-
    gend festkochend)
80 g Butter
Meersalzflocken

1 Möhren und Sellerie schälen und grob würfeln. Zwiebeln grob klein schneiden. Tomaten halbieren.

2 Fleisch rundherum mit Salz und Pfeffer würzen. 3 EL Öl in einem Bräter stark erhitzen und das Fleisch darin rundherum 8 bis 10 Minuten goldbraun anbraten. Aus dem Bräter nehmen.

3 Restliches Öl in den Bräter geben und erhitzen. Möhren, Sellerie und Zwiebeln darin rundherum goldbraun anrösten. Tomatenmark zugeben und unter Rühren 1 bis 2 Minuten mitrösten. Rotwein zugießen und den Bratensatz mit einem Pfannenwender vom Topfboden lösen. Datteln, Piment und Sternanis zugeben und die Flüssigkeit bei mittlerer Hitze auf ca. 1/3 einkochen.

4 Rosmarin, Speck, Tomaten, Fleisch und Fond in den Bräter geben und zugedeckt bei mittlerer Hitze 2 Stunden 30 Minuten schmoren. Dabei das Fleisch zwei- bis dreimal in der Sauce wenden.

5 Fleisch aus dem Bräter nehmen und abdecken. Fond durch ein Sieb gießen und zurück in den Bräter füllen. Dabei das Gemüse nicht durchdrücken. Die Sauce aufkochen und 15 Minuten offen einkochen. Speisestärke in etwas kaltem Wasser lösen und die Sauce damit binden. Mit Salz und Pfeffer abschmecken. Fleisch in die Sauce geben und bei mittlerer Hitze zugedeckt erwärmen.

6 Einen großen Topf mit Salzwasser zum Kochen bringen. Sellerie und Kartoffeln schälen und 25 bis 30 Minuten darin weich garen. Wasser abgießen. Butter zugeben und mit dem Kartoffelstampfer grob zerdrücken. Mit Meersalzflocken würzen.

7 Mit dem Braten und der Sauce anrichten und servieren.

Zubereitungszeit: 3 Stunden 10 Minuten

👄 | Fleisch vor dem Einkochen der Sauce 1 bis 2 Stunden im ungebundenen Fond ziehen lassen und später in der gebundenen Sauce erwärmen.

SAUERKRAUT-ROULADEN

ZUTATEN
(für 4 Personen)

200 g Zwiebeln
200 g Möhren
200 g Staudensellerie
8 Rinderrouladen
Salz
Pfeffer
8 EL süßer Senf
8 Scheiben Bacon
500 g frisches Sauerkraut,
    leicht ausgedrückt
5 EL Butterschmalz
3 EL Tomatenmark
1/2 TL schwarze Pfeffer-
    körner
6 Pimentkörner
4 Wacholderbeeren
1–2 EL Speisestärke
8 Rouladennadeln oder
    Zahnstocher

1 Zwiebeln und Möhren schälen, Staudensellerie putzen und waschen. Die Gemüse in ca. 1 cm große Würfel schneiden.

2 Rouladenfleisch zwischen Klarsichtfolie oder in einem großen Gefrierbeutel ca. 3 bis 4 mm dünn klopfen und nebeneinander auf die Arbeitsfläche legen. Mit Salz und Pfeffer würzen und mit je 1 EL Senf bestreichen.

3 Jeweils mit einer Scheiben Bacon und 1/8 vom Sauerkraut belegen, dabei an den Seiten ca. 1 cm Rand frei lassen. Die Seiten der Rouladen einklappen, die Rouladen aufrollen und an der Nahtstelle mit Spießen fixieren. Rouladen rundherum mit Salz und Pfeffer würzen.

4 Backofen auf 160 °C (Gas 2, Umluft 140 °C) vorheizen.

5 4 EL Butterschmalz in einem Bräter oder Schmortopf mit Deckel erhitzen. Die Rouladen darin portionsweise rundherum goldbraun anbraten, herausnehmen, auf einen Teller geben und beiseitestellen.

6 Restliches Butterschmalz erhitzen und das Gemüse darin unter gelegentlichem Rühren bei mittlerer bis starker Hitze 10 bis 12 Minuten goldbraun rösten. Tomatenmark, Pfefferkörner, Piment und Wacholderbeeren zugeben und unter Rühren 3 bis 4 Minuten mitrösten. Mit ca. 1,25 l Wasser ablöschen, dabei den Bratensatz mit einem Pfannenwender vom Topfboden lösen. Mit Salz und Pfeffer würzen.

7 Rouladen in den Bräter geben (die Rouladen sollen knapp mit Flüssigkeit bedeckt sein, ggf. etwas mehr Wasser zugeben) und zugedeckt im heißen Backofen 90 Minuten bis 2 Stunden schmoren.

8 Die weich geschmorten Rouladen aus dem Bräter nehmen und auf einen Teller geben. Den Fond durch ein Sieb in einen Topf gießen. Dabei das Gemüse nicht durch das Sieb drücken. Den Fond 10 Minuten bei mittlerer bis starker Hitze einkochen und mit der in wenig kaltem Wasser gelösten Speisestärke binden.

9 Die Sauce nochmals aufkochen, mit Salz und Pfeffer abschmecken, die Rouladen zugeben und 6 bis 8 Minuten bei mittlerer Hitze erwärmen.

Zubereitungszeit: 3 Stunden

👄 | Dazu passen Salzkartoffeln.

»WO BIN ICH ZU HAUSE, VERWURZELT UND GUT AUFGEHOBEN, WO IST MEINE HEIMAT? DAS IST FÜR VIELE VON UNS GAR NICHT MEHR SO EINFACH ZU BEANTWORTEN. WIR FÜHREN EIN GRENZENLOSES, DAUER-MOBILES, DIGITALISIERTES LEBEN.«

GEGRILLTE LAMB CHOPS
mit Linsen, karamellisierten Feigen und altem Balsamessig

ZUTATEN
(für 4 Personen)

200 g grüne Puy-Linsen
300 g rote Linsen
Salz
5 Stiele Minze
5 EL Apfel-Balsamessig
   oder Dattel-Balsamessig
7 EL Olivenöl
Pfeffer
1/2 TL geräuchertes
   Paprikapulver
1/2 TL getrocknete
   Nana-Minze
12 Lamb Chops (ca. 600 g)
4 Feigen
1 EL Butter

1 Wasser in einem Topf zum Kochen bringen. Puy-Linsen zugeben und 17 bis 18 Minuten bissfest garen. Rote Linsen 8 Minuten vor Ende der Garzeit zugeben und mitgaren. Das Kochwasser kurz vor Ende der Garzeit kräftig mit Salz würzen. Linsen in ein Sieb abgießen, kalt abschrecken und abtropfen lassen.

2 Blätter von 3 Stielen Minze abzupfen und fein hacken. Balsamessig und 4 EL Öl mit Salz, Pfeffer, Räucherpaprika, getrockneter und gehackter Minze verrühren. Linsen zugeben, mischen und ziehen lassen.

3 Backofen auf 60 °C vorheizen.

4 Lamb Chops mit 3 EL Öl einreiben und rundherum mit Salz und Pfeffer würzen. Eine Grillpfanne stark erhitzen und die Lamb Chops darin portionsweise 2 bis 3 Minuten auf jeder Seite braten. Fertige Lamb Chops im Ofen warm halten.

5 Feigen längs halbieren und in der heißen Grillpfanne 1 Minute auf jeder Seite grillen. Butter zugeben und aufschäumen lassen.

6 Linsensalat mit Salz und Pfeffer abschmecken und mit den Lamb Chops und den Feigen anrichten. Mit der restlichen Minze bestreuen und servieren.

Zubereitungszeit: 45 Minuten

182

ASIA-TATAR
mit schwarzem Rettich

ZUTATEN
(für 4–6 Personen)

1 mittelgroßer schwarzer
  Rettich
60 ml Reisessig
2 TL Zucker
Salz
2 EL geröstetes Sesamöl
2 Frühlingszwiebeln
2 EL helle Sesamsaat
400 g Rindfleisch (z. B. aus
  der Keule, ohne Fett und
  Sehnen; evtl. hat der
  Metzger auch eine Emp-
  fehlung)
1 kleine rote Pfefferschote
10 g frischer Ingwer
1 EL trockener Sherry
3 EL Sojasauce
2 EL Traubenkernöl
Pfeffer

1 Rettich gründlich waschen und in sehr dünne Scheiben hobeln oder schneiden. Reisessig mit Zucker, Salz und Sesamöl verrühren, den Rettich untermischen und 15 Minuten ziehen lassen.

2 Frühlingszwiebeln putzen, waschen und schräg in feine, lange Ringe schneiden. Anschließend in kaltes Wasser legen.

3 Sesamsaat in einer Pfanne ohne Fett goldbraun rösten und abkühlen lassen.

4 Fleisch in sehr dünne Scheiben oder in feine Würfel schneiden. Pfeffer-schote nach Belieben entkernen und fein würfeln. Ingwer schälen und fein reiben. Sherry, Sojasauce, Traubenkernöl, Ingwer und Pfefferschote in einer Schüssel verrühren und mit Pfeffer würzen. Fleisch zugeben und 10 Minuten ziehen lassen.

5 Rettich in einem Sieb abtropfen lassen. Jeweils etwas Tatar auf eine Scheibe Rettich geben und auf einer Servierplatte anrichten. Mit Marina-de beträufeln, mit den abgetropften Frühlingszwiebeln und Sesamsaat bestreuen und servieren.

Zubereitungszeit: 45 Minuten

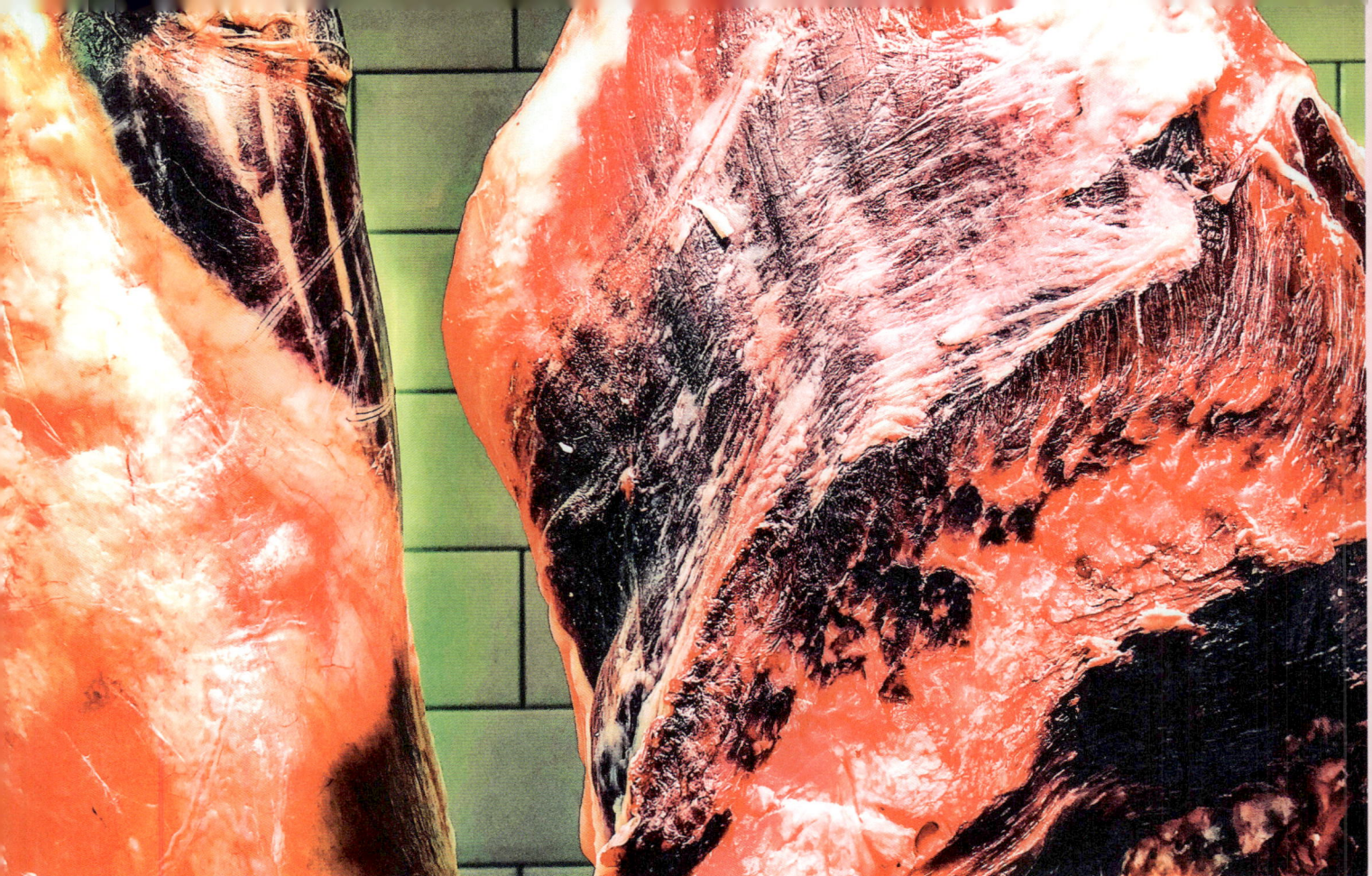

DRY AGED BEEF

Hausmannskost, der Name sagt es, ist oft Männerküche. Und Männerküche ist Fleischküche. Schlicht, deftig, nahrhaft. Das empfinden viele heute als ein Stereotyp, klar, aber der Begriff Hausmannskost ist ja auch ein Begriff aus dem 16. Jahrhundert. Aus einer Zeit, als der Hausherr am heimischen Esstisch noch bevorzugt wurde. Seine Mahlzeiten enthielten mehr Fleisch, mehr Speck, mehr Eier als die der anderen Familienmitglieder. Mehr Energie für körperlich harte Arbeit. Viel hilft viel.

Heute ist weniger oft mehr, für Männer wie für Frauen. Der Durchschnittsdeutsche isst zwar noch immer etwa 59 Kilo Fleisch im Jahr, eine ungeheure Menge, aber die Lust am hochwertigen Fleisch wächst. Am Kiosk gibt es ein hippes Magazin zum Thema Fleisch, »Beef!«, und im Internet boomt der Onlineversand von Edelsteaks. Ein Kilo Dry Aged Beef kostet schnell mal über 50 Euro.

Die besten Steaks liefert Rindfleisch, das trocken am Knochen gereift ist: sogenanntes Dry Aged Beef. Der englische Ausdruck täuscht: Dry Aging ist kein modisches Marketig-Chichi. Das Verfahren hat eine lange Tradition, Dry Aging ist alte Metzgerskunst. Früher hängten die Metzger das Fleisch am Knochen auf und ließen es wochenlang an der Luft reifen. Heute hängt Fleisch nach dem Schlachten für gewöhnlich vakuumverpackt in einer Kältekammer.

Das geht schneller und produziert weniger Abfall, aber es produziert auch weniger Geschmack. Kostenoptimierte Massenware.

Dry Aged Beef hingegen ist besonders zart und sensationell aromatisch, ein Produkt mit Charakter. Manufakturware.

Es ist eine Entwicklung ganz ähnlich wie bei den Bäckereien: Über Jahre hinweg führten Supermärkte und große Filialisten einen Preiskrieg, sie verdrängten die Traditionsbetriebe. Nun kommt die alte Handwerkskunst in trendigem Gewand zurück. Trendig und teuer.

Wie sich das mit der Idee der Heimatküche verträgt, die doch eigentlich eine Küche für alle ist? Ein schwieriger Punkt. Nostalgie ist eine der teuersten Zutaten, mit denen man kochen kann. Aber auch eine der leckersten. Nichts würzt ein Gericht so wie eine Prise Nostalgie.

> »Dry Aging ist kein modisches Marketig-Chichi. Das Verfahren hat eine lange Tradition, Dry Aging ist alte Metzgerskunst.«

AUBERGINEN
mit Speck

ZUTATEN
(für 2–4 Personen)

2 getigerte Auberginen
  (alternativ violette
  Auberginen)
Salz
400 g gegarte braune
  Linsen aus der Dose
Pfeffer
2–3 EL Weißweinessig
125 g Crème fraîche
1/2 TL mittelscharfes
  Currypulver
300 g Speck, am Stück
1/2 TL Chiliflocken
1 Prise Zucker
4 EL Olivenöl
1 Bund Schnittlauch

1 Auberginen in 2,5 cm dicke Scheiben schneiden, mit Salz bestreuen und 30 Minuten ziehen lassen.

2 Inzwischen 100 g Linsen mit Salz, Pfeffer und 1 EL Essig mischen und beiseitestellen. Restliche Linsen in einem kleinen Topf erwärmen und im Küchenmixer mit der Crème fraîche fein pürieren (alternativ mit dem Schneidstab). Mit 1 bis 2 EL Essig und Currypulver abschmecken. Die beiseitegestellten Linsen untermischen und mit Salz und Pfeffer abschmecken. Linsenpüree zurück in den Topf geben, leicht erwärmen und warm halten.

3 Speck erst in ca. 4 mm dicke Scheiben, dann in ca. 3 mm breite Streifen schneiden und in einer Pfanne ohne Fett knusprig auslassen. Chiliflocken und Zucker untermischen und auf Küchenpapier abtropfen lassen.

4 Öl in einer Pfanne erhitzen. Auberginenscheiben darin auf beiden Seiten goldbraun braten. Dann 150 ml Wasser zugeben und zugedeckt weitergaren, bis das Wasser verdampft ist. Die Auberginen sollen weich sein, aber nicht zerfallen.

5 Schnittlauch in feine Röllchen schneiden. Linsensalat, Auberginenscheiben und Speck auf einer Platte anrichten und mit Schnittlauch bestreut servieren.

Zubereitungszeit: 50 Minuten

NACKEN-STIEL-KOTELETTS

ZUTATEN

(für 4 Personen)

500 g Schalotten

300 g feuchtes grobes Meersalz

1 Dose geschälte Tomaten (400 g EW)

2 Knoblauchzehen

2 Zweige Rosmarin

5 Stiele Thymian

1 Bund Petersilie

2 EL Olivenöl

4 Schweinenacken-Stiel-koteletts (à 400 g)

Meersalzflocken

Pfeffer

2 TL edelsüßes Paprikapulver

1 Backofen auf 180 °C (Gas 3, Umluft 160 °C) vorheizen.

2 Schalotten 5 Minuten in warmes Wasser legen. Dann herausnehmen, mit dem Meersalz in einer Auflaufform mischen und beiseitestellen.

3 Tomaten in einem Sieb abspülen, leicht ausdrücken und fein hacken. Knoblauch und Kräuter fein hacken und mit den Tomaten in einer Schüssel mischen.

4 Öl in einer großen Pfanne erhitzen. Fleisch rundherum mit Meersalzflocken, Pfeffer und Paprikapulver würzen und von beiden Seiten scharf anbraten. Fleisch herausnehmen und leicht abkühlen lassen. Dann rundherum mit der Tomaten-Kräuter-Mischung einreiben und in einen Bräter setzen.

5 Im heißen Backofen auf der mittleren Schiene 45 Minuten garen. Schalotten nach 5 Minuten auf der untersten Schiene mit in den Ofen stellen und weich garen.

6 Fleisch aus dem Ofen nehmen und 10 Minuten abgedeckt ruhen lassen. Inzwischen die Enden der Schalotten abschneiden und das Fruchtfleisch aus den Schalen drücken.

7 Fleisch mit dem Bratensaft und den Schalotten anrichten, mit Meersalzflocken bestreuen und servieren.

Zubereitungszeit: 1 Stunde 20 Minuten

STEINPILZE
mit Schweinebacke

ZUTATEN

(für 4 Personen)

1 kg Kartoffeln (mehlig)
Salz
600 g Steinpilze
600 g Schweinebacke
80 g Butter
250 ml Milch
Muskatnuss
4 Zweige Rosmarin
4 Stiele Majoran
Pfeffer

1 Für das Kartoffelpüree in einem Topf Salzwasser zum Kochen bringen. Die Kartoffeln gründlich waschen und in der Schale im Wasser weich kochen. Das dauert je nach Größe 20 bis 25 Minuten.

2 Steinpilze putzen und längs halbieren. Schwarte der Schweinebacke mit dem Messer entfernen. Fleisch in ca. 2 cm dicke Scheiben schneiden. Die Scheiben quer halbieren und in einer schweren Pfanne ohne Fett ca. 15 Minuten von beiden Seiten knusprig braten. Aus der Pfanne nehmen. Fett in der Pfanne lassen.

3 Kartoffeln abgießen und ausdampfen lassen. Dann pellen und zweimal durch die Kartoffelpresse drücken. Butter und Milch in einem Topf erhitzen. Kartoffelschnee zugeben, mit Salz und Muskat würzen und mit dem Schneebesen cremig rühren. Warm halten.

4 Pilze in die Pfanne geben und im heißen Fett bei mittlerer Hitze 5 bis 6 Minuten goldbraun braten. Schweinebacke und Rosmarin zu den Pilzen geben und 2 bis 3 Minuten mitbraten. Majoran fein hacken, zugeben und mit Pfeffer würzen.

5 Schweinebacke und Pilze mit dem Kartoffelpüree anrichten, mit dem Bratfett beträufeln und servieren.

Zubereitungszeit: 50 Minuten

RÖSTI MIT BACON

ZUTATEN
(für 4 Personen)

1 kg Kartoffeln (vorwiegend festkochend oder festkochend)
1 Zwiebel
Salz
Pfeffer
Muskatnuss
30 g Parmesan, am Stück
6 EL Butterschmalz
Öl
12 Scheiben Bacon
2 EL Ahornsirup
1 TL Butter

1 Kartoffeln schälen und mit der Zwiebel grob raspeln. Mit Salz, Pfeffer und Muskat würzen, vermengen, in ein Sieb geben und 10 Minuten abtropfen lassen. Die Kartoffelmasse gut ausdrücken. Den Kartoffelsaft einige Minuten stehen lassen, bis die Stärke sich abgesetzt hat. Das Kartoffelwasser wegschütten. Parmesan fein reiben und mit der abgesetzten Stärke unter die Röstimasse mischen.

2 3 EL Butterschmalz in einer beschichteten Pfanne (24 cm Ø) erhitzen. Röstiteig hineingeben, zu einem Fladen formen, fest auf den Pfannenboden drücken und bei mittlerer Hitze 10 Minuten bei geschlossenem Deckel braten. Rösti auf den Deckel gleiten lassen. Restliches Butterschmalz in die Pfanne geben und zerlassen. Rösti umgedreht hineingeben und in 10 bis 15 Minuten fertig braten.

3 Inzwischen Öl in einer weiteren Pfanne erhitzen. Baconstreifen darin bei mittlerer Hitze auf beiden Seiten knusprig braten. Ahornsirup und Butter zugeben und aufschäumen lassen. Bacon aus der Pfanne nehmen.

4 Rösti aus der Pfanne auf eine Platte gleiten lassen, mit dem Bacon anrichten und servieren.

Zubereitungszeit: 50 Minuten

KALBSSCHNITZEL
mit Haselnussbutter

ZUTATEN
(für 2 Personen)

1 Radicchio Trevisano
Salz
2 EL Balsamessig
2 dünne Kalbsschnitzel
   (à ca. 150 g)
2 TL grober Senf
Pfeffer
4 EL Mehl
4 EL Olivenöl
10 Salbeiblätter
3 EL Butter
4 EL Haselnussgrieß
   (geröstete, gehackte
   Haselnüsse)
Meersalzflocken

1 Radicchio längs in Spalten schneiden und mit 1/2 TL Salz in einen Gefrierbeutel geben. Den Salat im Beutel mit den Händen leicht quetschen. Essig
   zugeben und 20 Minuten ziehen lassen.

2 Fleisch jeweils quer in drei Teile schneiden und zwischen Klarsichtfolie
   oder in einem Gefrierbeutel flach klopfen. Jedes Schnitzel auf einer Seite
   mit 1/2 TL Senf bestreichen, salzen, pfeffern und in Mehl wenden.

3 Salat aus dem Beutel nehmen und auf Tellern anrichten.

4 Öl in einer Pfanne erhitzen und die Schnitzel darin ca. 2 Minuten auf
   jeder Seite goldbraun braten. Schnitzel aus der Pfanne nehmen und zum
   Salat auf die Teller geben.

5 Salbeiblätter und Butter in die heiße Pfanne geben und aufschäumen lassen. Haselnussgrieß zugeben und 1 Minute mitbraten. Mit Pfeffer würzen
   und sofort über den Schnitzeln verteilen. Mit Meersalzflocken würzen
   und servieren.

Zubereitungszeit: 30 Minuten

CHICKEN CHILLI NUGGETS
mit Mayo

ZUTATEN
(für 4 Personen)

400 g Hähnchenbrustfilets
Salz
250 ml Buttermilch
1 Bio-Limette
20 g frischer Ingwer
100 g Mayonnaise
2 rote Pfefferschoten
4 Knoblauchzehen
1 TL Tomatenmark
3 EL Zucker
2 EL Apfelessig
5 EL Speisestärke
1 Msp. Natron
150 g Pankobrösel (grobe
    japanische Semmelbrö-
    sel, aus dem Asia-Laden)
200 ml neutrales Öl
Pfeffer
Chiliflocken

1 Fleisch in ca. 2,5 cm große Würfel schneiden, salzen und mindestens 1 Stunde in der Buttermilch marinieren.

2 Währenddessen Limette heiß abwaschen und die Schale fein abreiben. 2 EL Saft auspressen. Ingwer schälen und fein reiben. Mayonnaise mit Limettenschale und Ingwer verrühren und mit Limettensaft und Salz abschmecken.

3 Für die Chili-Sauce Pfefferschoten nach Belieben entkernen, mit dem Knoblauch fein hacken und in einen kleinen Topf geben. 400 ml Wasser, Tomatenmark, Zucker und Essig zugeben, mit Salz würzen und aufkochen. 1 EL Speisestärke in wenig kaltem Wasser auflösen, die Sauce damit binden und mit Salz, Zucker und Essig abschmecken.

4 Für die Panierung die restliche Speisestärke, Natron und Pankobrösel in einer Schüssel mischen. Öl in einer Pfanne erhitzen. Fleisch aus der Buttermilch nehmen und in der Panierung wälzen, dann im heißen Öl rundherum knusprig und goldbraun backen. Auf Küchenpapier abtropfen lassen, mit Salz, Pfeffer und Chiliflocken bestreuen und mit Limetten-Mayonnaise und Chili-Sauce servieren.

Zubereitungszeit: 1 Stunde 20 Minuten

CURRY-HUHN
mit Süßkartoffeln

ZUTATEN
(für 4 Personen)

4 Süßkartoffeln

1 Brathähnchen
   (ca. 1,4 kg)

1 EL scharfes Currypulver

5 EL Olivenöl

Salz

2 EL flüssiger Honig

Saft und abgeriebene
   Schale von 1 Bio-Zitrone

2 Limetten

1 Spritzer Apfelessig

10 Stiele Koriander

Meersalzflocken

1 Backofen auf 180 °C (Gas 3, Umluft 160 °C) vorheizen.

2 Süßkartoffeln waschen, auf ein Backblech geben und im heißen Ofen 90 Minuten weich garen.

3 Hähnchenkeulen innen und außen mit dem Messer zwei- bis dreimal ca. 1/2 cm tief einschneiden.

4 Currypulver, 2 EL Olivenöl, 1 EL Salz, Honig, Zitronensaft und Schale verrühren, das Hähnchen damit einreiben und in eine Auflaufform setzen. Das Hähnchen braucht etwa 1 Stunde im Backofen und sollte deshalb 30 Minuten nach den Süßkartoffeln mit auf das Backblech im Ofen gesetzt werden.

5 Inzwischen Limetten auspressen. Limettensaft, Apfelessig und das restliche Olivenöl verrühren. Koriander fein hacken und untermischen.

6 Hähnchen und Kartoffeln aus dem Backofen nehmen. Mit Meersalzflocken bestreuen und mit dem Limetten-Koriander-Dipp servieren.

Zubereitungszeit: 1 Stunde 40 Minuten

HÄHNCHENKEULEN
mit Zimt-Rub

5 Hähnchenkeulen

1 EL gemahlene Zimt-
   blüten (alternativ 1 TL
   gemahlener Zimt)

Pfeffer

1/2 TL Kurkuma
   (alternativ Currypulver)

Salz

7 EL Olivenöl

400 g Tomaten

150 g Möhren

150 g Staudensellerie

150 g Schalotten

2 Knoblauchzehen

100 g grüne Oliven ohne
   Stein

250 ml trockener Weiß-
   wein

250 g Tortiglioni

4 Stiele Basilikum

1 Hähnchenkeulen im Gelenk teilen. Zimtblüten, 1 TL gemahlenen Pfeffer, Kurkuma, 1 TL Salz und 2 EL Öl mischen und das Fleisch damit einreiben.

2 Stielansätze der Tomaten keilförmig herausschneiden. Tomaten in kochendem Salzwasser 30 Sekunden garen. Herausnehmen, kalt abschrecken und häuten. Anschließend längs halbieren, das Kerngehäuse entfernen und in Spalten schneiden.

3 Möhren schälen und in ca. 5 mm große Würfel schneiden. Sellerie und Schalotten ebenfalls ca. 5 mm groß würfeln. Knoblauch fein hacken. Oliven klein schneiden.

4 Backofen auf 180 °C (Gas 4, Umluft 160 °C) vorheizen.

5 3 EL Öl in einem Bräter erhitzen. Keulenstücke darin bei starker Hitze rundherum in ca. 10 Minuten goldbraun braten. Anschließend aus dem Bräter nehmen.

6 Gemüse (außer Tomaten und Oliven) in den Bräter geben und glasig dünsten. Mit Weißwein ablöschen, Tomaten und Oliven zugeben, kräftig aufkochen und leicht salzen. Keulenstücke auf das Gemüse legen und im heißen Backofen auf der mittleren Schiene 45 bis 50 Minuten garen.

7 Inzwischen Salzwasser zum Kochen bringen und die Nudeln nach Packungsanweisung bissfest garen, in ein Sieb abgießen und abtropfen lassen. Basilikumblätter abzupfen und in Streifen schneiden.

8 Keulenstücke und Gemüse in einer großen Schale mit Nudeln und Basilikum mischen und mit Salz und Pfeffer abschmecken. Mit dem restlichen Öl beträufeln und servieren.

Zubereitungszeit: 1 Stunde 20 Minuten

MEINE ♥ DEINE MUDDA MUDDA

Suppen sind Soulfood. Sie machen uns zum Kind, weil wir sie weder schneiden noch kauen müssen, sie machen uns allein deshalb satt, weil wir von klein auf gelernt haben, dass sie uns satt machen, körperlich und emotional.

Zu den verrücktesten Kulinarik-Studien, von denen ich je gehört habe, gehört jene, dass erhitzter Apfelsaft, der in einem tiefen Teller als »Apfelsuppe« serviert wird, länger satt macht als kalter Apfelsaft aus dem Glas. Am Kaloriengehalt kann es nicht liegen. Wir glauben an Suppen.

Meine Lieblingssuppe ist die Hühnerbrühe. Es gibt wenige Gerichte, an denen ich so ausdauernd rumfeile. Das liegt daran, dass ich ein Erinnerungsbild auf der Zunge habe, dem ich hinterherkoche. Ich bin fast besessen von dem Wunsch, irgendwann eine Brühe zu kreieren, die der meiner Oma nahekommt. Soll ich das Huhn vorher anbraten oder es direkt ins Wasser werfen? Nehme ich Ingwer oder nicht? Auf einen Oma-Trick bin ich schon gestoßen: einen Esslöffel Zucker in die Suppe. Der gibt einen Extraboost.

HÜHNERBRÜHE

Eine Brühe ist eines der besten Gerichte, wenn man Zeit und Kosten sparen muss. Ein Huhn in einen Topf, dazu Gemüse und dann beides ewig alleine vor sich hin köcheln lassen. Fertig. Den Geschmack mag jeder, schon, weil jeder etwas mit ihm verbindet. Und sei es die Erinnerung daran, erkältet gewesen und gesund gepflegt worden zu sein. Hühnerbrühe ist flüssige Fürsorge.

Auf der Karte im Restaurant steht Hühnerbrühe so gut wie nie. Sie gilt als Hausmannskost, sonst gilt sie nichts. Was ein Jammer ist. Wie anders ergeht es da doch dem japanischen Dashi, einem Sud aus Algen und getrockneten und geräucherten Bonitoflocken. Seinen vielgerühmten Umami-Geschmack bringt auch die Hühnerbrühe mit.

Die vietnamesische Pho, eine klare, süßliche Rinder- oder Hühnerbrühe, gilt in ihrem Heimatland sogar als Nationalheiligtum. Gewürzt mit Sternanis, Zimt und Ingwer, wird sie für gewöhnlich zum Frühstück serviert, um Leib und Seele für den Tag zu stärken. Ähnlich der deutschen Hühnerbrühe hat sie einen Ruf als Mittel gegen Erkältungen.

ENTEN-STIR-FRY

mit Sellerie, Sprossen und Frühlingszwiebeln

ZUTATEN

(für 2–4 Personen)

450 g Knollensellerie
2 Scheiben Bio-Zitrone
1 große Entenbrust (ca. 400 g, vom männlichen Tier)
200 g Mungobohnensprossen
3 Frühlingszwiebeln
1 Knoblauchzehe
3 EL Olivenöl
2 EL geröstetes Sesamöl
3 EL Austernsauce
1 EL Sojasauce
Pfeffer

1 Sellerie schälen und in ca. 2 cm große Würfel schneiden. 1,5 l Wasser mit den Zitronenscheiben in einem Topf aufkochen, 1 EL Salz hineingeben, den Sellerie darin 10 Minuten bissfest garen. Anschließend in ein Sieb abgießen, kalt abschrecken und abtropfen lassen.

2 Backofen auf 190 °C (Gas 3, Umluft 170 °C) vorheizen. Entenbrust mit der Hautseite nach unten in eine ofenfeste Pfanne legen und 5 bis 6 Minuten bei mittlerer Hitze braten. Dann wenden und weitere 2 bis 3 Minuten braten. Das Fleisch nochmals wenden, samt Pfanne in den heißen Ofen stellen und 10 Minuten garen. Anschließend aus der Pfanne nehmen und mit der Hautseite nach oben 5 bis 6 Minuten auf einem Teller ruhen lassen. Entenfett in der Pfanne lassen.

3 Sprossen in einem Sieb abspülen und fein hacken. Frühlingszwiebeln putzen, waschen und in feine Ringe schneiden. Knoblauch fein reiben.

4 Fleisch in ca. 2 cm große Würfel schneiden. 1 EL Olivenöl und 1 EL Sesamöl zum Entenfett in die Pfanne geben und stark erhitzen. Fleisch und Sellerie darin in zwei Portionen rundherum scharf anbraten, aus der Pfanne nehmen und auf einer Servierplatte anrichten.

5 Restliches Olivenöl in der Pfanne erhitzen. Frühlingszwiebeln, Knoblauch und Sprossen darin scharf anbraten. Mit Austernsauce, Sojasauce und 3 bis 4 EL Wasser sowie dem restlichen Sesamöl auffüllen, aufkochen und über Fleisch und Sellerie verteilen.

6 Mit Pfeffer würzen und sofort servieren.

Zubereitungszeit: 40 Minuten

»IN GROSSSTADT-KNEIPEN NEHMEN DIE GÄSTE EINEN GROSSEN SCHLUCK HEIMAT AUS DER CRAFT-BEER-FLA-SCHE, IHREN GIN TONIC BESTELLEN SIE MIT SCHNAPS AUS DER REGION.«

ENTENBRUST
mit Blumenkohl

ZUTATEN

(für 2 Personen)

5 Shiitake-Pilze
300 g Blumenkohl
30 g Mandelstifte
100 g Johannisbeeren
1 TL Zucker
1/2 Bund Schnittlauch
1 EL Balsamessig
2 EL Olivenöl
Salz
Pfeffer
2 Entenbrüste (à ca. 220 g)
2 EL Butter

1 Pilze in warmem Wasser 15 Minuten einweichen.

2 Blumenkohl putzen, waschen und in kleine Röschen teilen. Mandelstifte in einer Pfanne ohne Fett goldgelb rösten.

3 Johannisbeeren mit einer Gabel von der Rispe streichen und mit dem Zucker in einer Schüssel mischen. Schnittlauch in feine Röllchen schneiden, mit Balsamessig und Olivenöl verrühren, salzen und pfeffern.

4 Entenbrüste auf der Hautseite kreuzweise einritzen, dabei nicht in das Fleisch schneiden.

5 Pilze abtropfen lassen, leicht ausdrücken und die Stiele entfernen. Pilzkappen in Scheiben schneiden.

6 Backofen auf 160 °C (Gas 2, Umluft 140 °C) vorheizen.

7 Fleisch auf der Hautseite mit Salz würzen. Mit der Hautseite nach unten in eine kalte Pfanne geben und bei starker Hitze 4 bis 5 Minuten braten. Die Fleischseite mit Salz und Pfeffer würzen, wenden und 2 Minuten auf der Fleischseite braten. Aus der Pfanne nehmen, auf ein Backblech geben (Hautseite nach oben) und im heißen Backofen auf der mittleren Schiene 8 bis 10 Minuten garen. Anschließend in Folie gewickelt 3 Minuten ruhen lassen.

8 Inzwischen das ausgetretene Entenfett in der Pfanne erhitzen. Blumenkohl und Pilze darin braten und mit Salz und Pfeffer würzen. Der Blumenkohl soll noch Biss haben. Mandelstifte und Butter zugeben und kurz mitbraten.

9 Die Entenbrüste mit dem Blumenkohlgemüse und den Johannisbeeren anrichten. Mit dem Bratfett und dem Schnittlauch-Öl beträufeln und servieren.

Zubereitungszeit: 45 Minuten

MAISPOULARDE
mit Wirsing

ZUTATEN
(für 4 Personen)

40 g Ingwer
2 EL flüssiger Honig
(z. B. Akazienhonig)
70 g helle Misopaste
(Shiro Miso)
Saft von 2 Limetten
4 Maispoulardenbrüste
mit Haut
Salz
1 Wirsingkohl
2 EL Butter
1 EL Kümmelsamen
250 ml Hühnerbrühe
Pfeffer

1 Ingwer schälen und fein reiben. Mit Honig, Misopaste und Limettensaft mischen. Fleisch darin 30 Minuten marinieren.

2 Reichlich Wasser in einem Topf zum Kochen bringen und kräftig salzen.

3 Den Strunk vom Kohl keilförmig herausschneiden und ca. 800 g ganze Blätter ablösen. Kohlblätter im kochenden Wasser 4 Minuten garen. In ein Sieb abgießen, kalt abschrecken und gut abtropfen lassen.

4 Backofen auf 200 °C (Gas 4, Umluft 180 °C) vorheizen.

5 Butter in einem flachen Bräter erhitzen. Kohlblätter und Kümmel zugeben und 3 bis 4 Minuten unter Rühren andünsten. Fleisch mit der Hautseite nach oben auf den Kohl setzen. Marinade und Brühe zugießen und im heißen Backofen auf der mittleren Schiene 15 bis 17 Minuten garen. Dann den Backofengrill zuschalten und 2 bis 3 Minuten grillen.

6 Fleisch mit dem Kohl und der Sauce anrichten. Mit Salz und Pfeffer würzen und servieren.

Zubereitungszeit: 1 Stunde

💋 | Dazu passt Baguette.

NEW NORDIC CUISINE

Im Jahr 2004 zettelten skandinavische Spitzenköche eine kulinarische Revolution an. Sie proklamierten in einem Manifest eine New Nordic Cuisine, eine neue nordische Küche. Die Idee: zurück zu den Wurzeln, zurück in die Zukunft.

Die New Nordic Cuisine kocht nachhaltig. Sie setzt auf regionale Naturprodukte der Saison, auf alte Konservierungstechniken und Zutaten. Sie beizt, pökelt, räuchert – und fermentiert, das heißt: Sie vergärt Gemüse gezielt, um es länger haltbar und besser verdaulich zu machen. Und natürlich aromatischer.

Sie ist stark inspiriert von der New Nordic Cuisine: eine Regionalküche, die sich edler Grundprodukte verweigert, die kreativ mit selbst auferlegten Zwängen umgeht, die eng zusammenarbeitet mit Landwirten und Lebensmittelproduzenten.

Ich würde das gerne uneingeschränkt gut finden, denn auch mich und meinen Geschmack hat die New Nordic Cusine sehr geprägt. Ich nutze seither viel weniger Zucker und viel mehr Bitternoten, viel mehr grüne Aromen, viel mehr Molke. Aber der Dogmatismus mancher Kochkollegen nervt mich ein wenig. Bewegungen verändern doch erst etwas, wenn sie viele Menschen erreichen. Dogmatismus schließt Menschen aus.

Der berühmteste Koch der New Nordic Cuisine heißt René Redzepi (Vater aus Mazedonien, Mutter Dänin). Redzepi pflückt Sauerampfer, er aromatisiert Blumen-

kohl mit Tannenzweigen und Erdbeeren mit Heu und Kamille, er serviert frittierte Wurzeln.

Ich bin ein Fan-Fan-Fan von Redzepi und seinem Restaurant, dem »Noma« in Kopenhagen, das zu Recht schon vier Mal zum besten Restaurant der Welt gewählt wurde.

Gefragt nach seinem Lieblingsessen, antwortet Redzepi übrigens: Brathähnchen. Viele dächten, so hat er es mal in einem Interview formuliert, er esse jeden Tag Ameisen, geröstete Blüten und Schimmelpilze, aber Spitzenrestaurants wie das »Noma« seien für zweimal im Jahr. »Zu Hause will ich warme Gerichte, die meine Kinder glücklich machen.« Redzepi ist ein kluger Mann.

Am Ende des Tages mag auch ich es ein bisschen normal. Das Senfei zum Beispiel ist für mich nordische Küche, mit erntefrischem Spinat.

»Die Idee: zurück zu den Wurzeln, zurück in die Zukunft.«

PASTA PASTA PASTA PASTA PASTA

PASTA PASTA PASTA PASTA PASTA PASTA

PASTA PASTA PASTA PASTA PASTA

PASTA

PASTA

PASTA

PASTA

PASTA

PASTA

MUSCHELNUDEL-AUFLAUF

ZUTATEN
(für 4 Personen)

3 Schalotten

600 g Lammhackfleisch

1 EL Senf

2 Eier (M)

50 ml Sahne

40 g Semmelbrösel

Salz

Pfeffer

50 mittelgroße Muschel-
   nudeln (ca. 200)

1 Aubergine (ca. 400 g)

2 Dosen gehackte Tomaten
   (à 400 g EW)

3 EL Olivenöl

2 Knoblauchzehen

1 EL getrockneter Oregano

40 g Parmesan, am Stück

1 Schalotten fein würfeln. Hackfleisch, Senf, Eier, Sahne, Schalotten und Semmelbrösel in einer Schüssel mischen und kräftig mit Salz und Pfeffer würzen. Die Zutaten zu einem glatten Teig verkneten, in die rohen Muschelnudeln füllen und in einer Auflaufform verteilen.

2 Backofen auf 200 °C (Gas 4, Umluft 180 °C) vorheizen.

3 Aubergine in ca. 1 cm große Würfel schneiden, mit 1 TL Salz bestreuen und 5 Minuten ziehen lassen. Tomaten in einem Sieb abtropfen lassen, Tomatensaft auffangen.

4 1 EL Öl in einem Topf erhitzen. Knoblauch fein hacken oder reiben und darin goldgelb braten, dann aus der Pfanne nehmen. 2 EL Öl in den Topf geben. Auberginen darin unter Rühren rundherum scharf anbraten. Tomaten zugeben und kurz mitbraten. Gerösteten Knoblauch, Oregano, Tomatensaft und 100 ml Wasser zugeben, aufkochen, mit Salz und Pfeffer würzen und über die Nudeln gießen. Im heißen Backofen ca. 45 bis 60 Minuten garen.

5 Parmesan reiben, die Muschelnudeln mit frisch geriebenem Parmesan bestreuen und servieren.

Zubereitungszeit: 1 Stunde 25 Minuten

PASTA

mit Radicchio und Cranberrys

ZUTATEN
(für 4 Personen)

40 g Pinienkerne
2 Knoblauchzehen
1 Schalotte
1 Radicchio
1 rote Pfefferschote
60 g Speck
2 Stiele Petersilie
60 g Pecorino, am Stück
350 g Paccheri (Hohl-
    nudeln) oder Tortiglioni
    (Rigatoni)
Salz
3 EL Olivenöl
2 Lorbeerblätter
50 g getrocknete
    Cranberrys
1–2 EL Balsamessig
Zucker
Pfeffer
1 EL Butter
2 EL schwarze
    Taggiasca-Oliven
    (alternativ schwarze
    Oliven)

1 Pinienkerne in einer Pfanne ohne Fett goldbraun rösten. Knoblauch in Scheiben schneiden. Schalotte fein würfeln. Radicchio waschen, trocken schleudern und in Streifen schneiden. Pfefferschote in Scheiben schneiden. Speck fein würfeln. Petersilie fein hacken. Pecorino fein reiben.

2 Nudeln nach Packungsanweisung in kochendem Salzwasser bissfest garen.

3 Inzwischen Öl in einer Pfanne erhitzen. Schalotten, Knoblauch, Speck, Lorbeer und Pfefferschote darin andünsten. Radicchio und Cranberrys zugeben und 2 bis 3 Minuten dünsten. Mit Balsamessig ablöschen, 120 bis 150 ml Nudelwasser zugeben und mit je 1 Prise Zucker, Salz und Pfeffer abschmecken.

4 Nudeln abgießen und zur Sauce in die Pfanne geben. Butter zugeben und untermischen. Oliven, Pinienkerne und Petersilie zufügen und mit Salz und Pfeffer abschmecken. Pecorino untermischen und servieren.

Zubereitungszeit: 30 Minuten

MAULTASCHEN

Die Teigtasche ist ein Weltbürger. Sie fühlt sich überall zu Hause, ist stets perfekt integriert – und an den lokalen Geschmack angepasst. Ein globales Heimatgericht. Es gibt sie aus Weizenmehl, Maismehl, Reismehl. Es gibt sie gekocht, gedämpft, gebraten, frittiert. Es gibt sie gefüllt mit Schweine- oder Rinderhack, mit Huhn, Fisch, Meeresfrüchten, mit Käse, Reis, Kartoffeln, Sauerkraut, Spinat, Kürbis. Maultaschen heißen sie in Deutschland, Schlutzkrapfen in Österreich, Ravioli in Italien, Empanadas in Spanien, Manti in der Türkei, Pierogi in Polen, Pelmeni in Russland, Chinkali in Georgien, Dim Sum in China, Gyoza in Japan, Samosas in Indien, Momos in Nepal, Sambusas in Somalia.

Die schwäbischen Maultaschen sollen entstanden sein, weil Mönche in ihnen in der Fastenzeit das Fleisch vor dem Herrgott versteckten. Im Dialekt heißen sie daher bis heute auch »Herrgottsbscheißerle«. Maultaschen sind ein Gericht mit Kosenamen. Ein untrügliches Zeichen dafür, dass die Menschen sie ins Herz geschlossen haben. Dim Sum, der Name für die chinesischen Maultaschen, heißt übersetzt übrigens so viel wie: kleine Herzenswärmer.

Warum sich die Idee, eine Füllung in einen Teig zu wickeln, weltweit durchgesetzt hat? Vielleicht, weil es so praktisch war als Reiseproviant und Außer-Haus-Gericht. Als Streetfood, würden wir heute sagen. Vielleicht auch, weil sich einfaches Gemüse durch den Teig nahrhaft aufpeppen ließ. Ganz sicher aber, weil es einfach eine bezaubernde Idee ist: ein Gericht wie ein Geschenk, außen eine hübsche Verpackung, innen eine Überraschung.

»Die Teigtasche ist ein Weltbürger. Sie fühlt sich überall zu Hause, ist stets perfekt integriert.«

LINSENPASTA
mit Morcheln

ZUTATEN
(für 2–4 Personen)

250 g Belugalinsen
Salz
20 g getrocknete Morcheln
1 Schalotte
1 mittelgroße Möhre
2 EL Butter
1 EL Mehl
250 ml Gemüsebrühe
2–3 EL Apfelessig
300 g Eiernudeln
   (z. B. Pappardelle)
3 Stiele Estragon
Pfeffer

1   Einen Topf mit Wasser zum Kochen bringen. Linsen darin 20 Minuten garen und kurz vor Ende der Garzeit kräftig mit Salz würzen. Linsen in ein Sieb abgießen, kalt abschrecken und abtropfen lassen.

2   Morcheln in warmem Wasser 15 Minuten einweichen. Schalotte fein würfeln. Möhre schälen und fein würfeln. Morcheln aus dem Einweichwasser nehmen, leicht ausdrücken und grob klein schneiden. Einweichwasser durch einen Tee- oder Kaffeefilter gießen.

3   1 EL Butter in einer großen Pfanne erhitzen. Schalotten und Möhren darin glasig dünsten. Morcheln zugeben und kurz mitdünsten. Mit Mehl bestäuben und unter Rühren braten. Brühe und Pilzwasser unter Rühren zugeben. Linsen und Essig unterrühren und bei milder Hitze köcheln lassen.

4   Für die Nudeln Wasser in einem Topf zum Kochen bringen und kräftig salzen. Nudeln zugeben und nach Packungsanweisung bissfest garen. Dann in ein Sieb abgießen und abtropfen lassen. Dabei etwas Nudelwasser auffangen.

5   Estragon fein hacken. Nudeln, restliche Butter und Estragon zur Sauce geben und durchschwenken. Gegebenenfalls die Sauce mit Nudelwasser verdünnen. Mit Salz, Pfeffer und Essig abschmecken und servieren.

Zubereitungszeit: 40 Minuten

PASTA
mit Miesmuscheln

ZUTATEN

(für 4–6 Personen)

2 kg Miesmuscheln
4 EL Olivenöl
4 Knoblauchzehen
150 ml Weißwein
2 Zwiebeln
1 kleine Fenchelknolle
  (ca. 200 g)
3 Stangen Staudensellerie
4 Stiele Dill
4 Stiele Petersilie
30 g Butter
1 TL Fenchelsaat
400 g passierte Tomaten
Salz
500 g Linguine oder
  Spaghetti
Pfeffer

1 Muscheln in eine große Schüssel geben, mit kaltem Wasser bedecken und waschen. Den Vorgang ggf. mehrmals wiederholen. Beschädigte und bereits geöffnete Muscheln, die sich auch nach leichtem Klopfen nicht mehr schließen, unbedingt aussortieren.

2 Muscheln in ein Sieb abgießen und abtropfen lassen. Olivenöl in einem großen Topf erhitzen. Knoblauchzehen andrücken und andünsten. Muscheln und Weißwein zugeben, unter Rühren aufkochen und zugedeckt 5 Minuten garen. Dann den Topf vom Herd ziehen.

3 Zwiebeln, Fenchel und Sellerie in ca. 5 mm große Würfel schneiden. Dill und Petersilie fein hacken.

4 Muscheln aus den geöffneten Schalen lösen und abgedeckt beiseitestellen. Muschelsud durch ein feines Sieb passieren und ca. 800 ml bis 900 ml abmessen.

5 Butter in einem Topf erhitzen. Zwiebel, Fenchel und Sellerie darin glasig dünsten. Fenchelsaat zugeben und kurz mitdünsten. Mit Muschelsud und passierten Tomaten auffüllen und 15 Minuten bei mittlerer Hitze einkochen.

6 Inzwischen für die Nudeln Wasser in einem großen Topf zum Kochen bringen und kräftig salzen. Nudeln darin nach Packungsanweisung bissfest garen.

7 Ausgelöste Muscheln und gehackte Kräuter zur Sauce geben und 2 bis 3 Minuten kochen.

8 Nudeln in ein Sieb abgießen und tropfnass mit der Muschelsauce mischen. Mit Pfeffer würzen, mit Olivenöl beträufeln und sofort servieren.

Zubereitungszeit: 50 Minuten

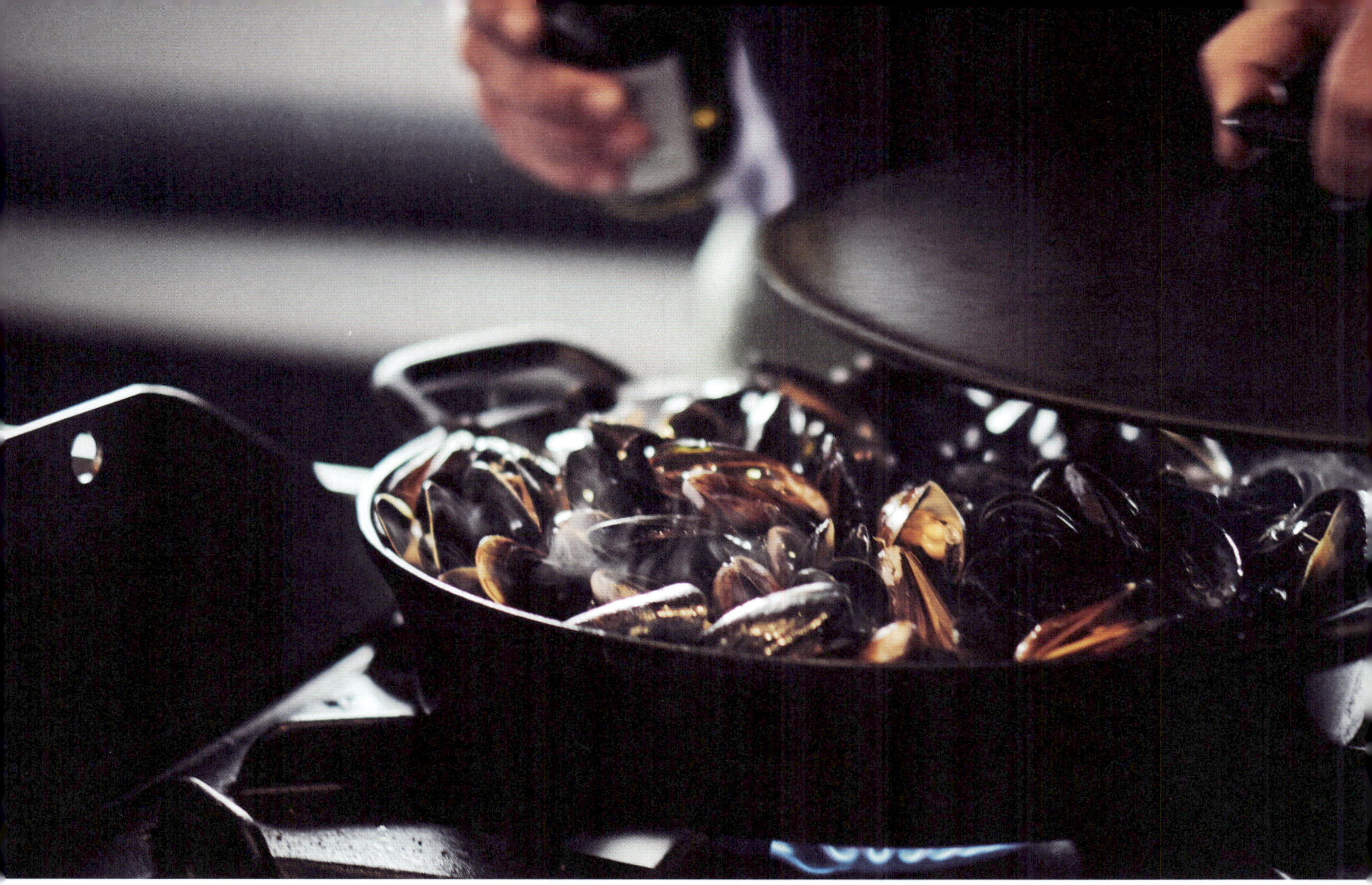

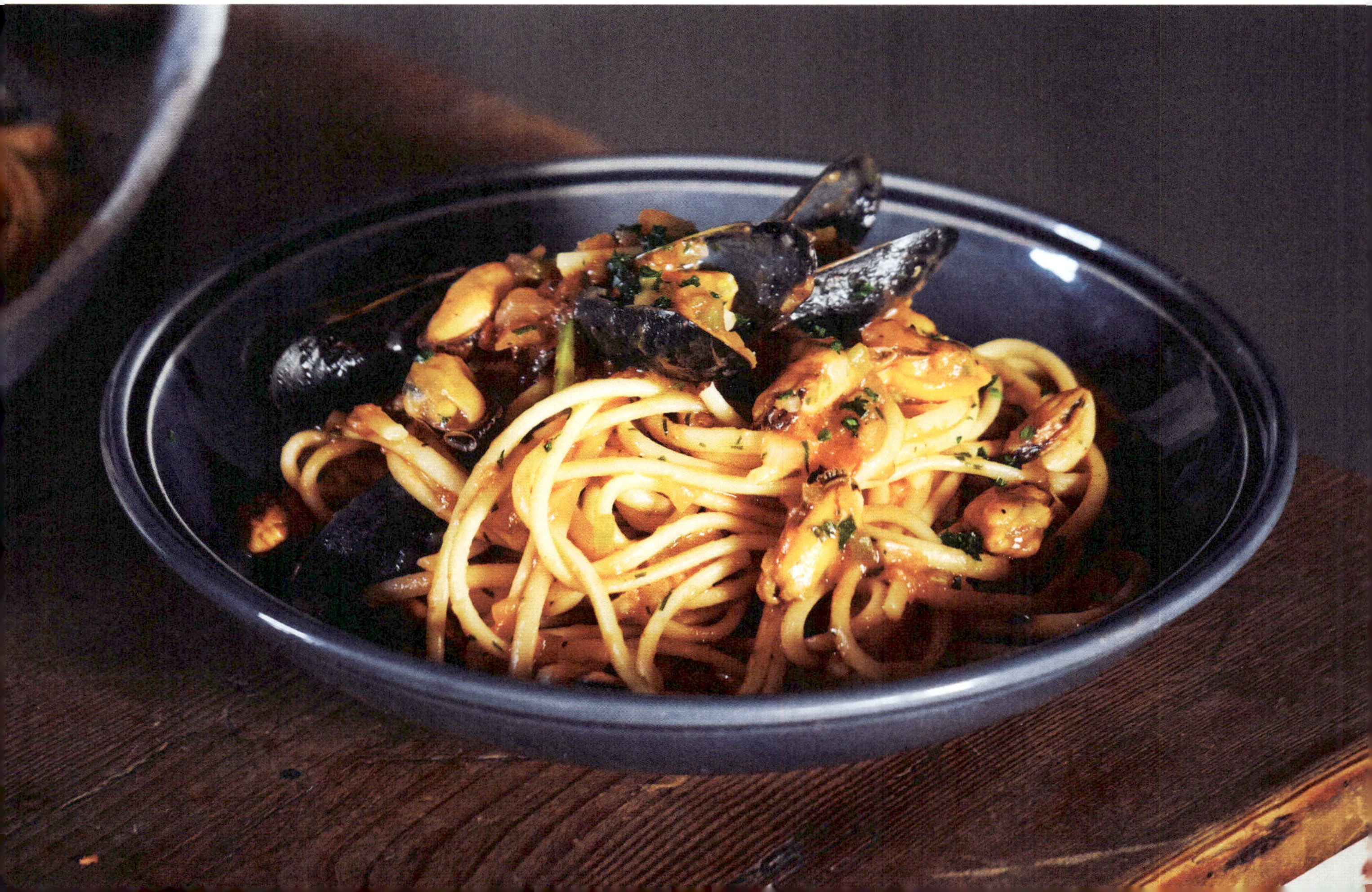

»ICH LIEBE DIE ITALIENISCHE KÜCHE,
WEIL SIE SO EINFACH UND EHRLICH IST,
SO EMOTIONAL UND PRODUKTBEZOGEN,
SO SAISONAL UND REGIONAL.«

ORIENTALISCHE LASAGNE

ZUTATEN
(für 4–6 Personen)

1 Aubergine
5 EL Olivenöl
400 g Zwiebeln
2 Knoblauchzehen
600 g Lammhackfleisch
600 g Rinderhackfleisch
1 Zimtstange
1 getrocknete Chilischote
2 TL Kurkuma
1/2 TL gemahlener Kreuz-
kümmel
2 Dosen gehackte Tomaten
(à 400 g EW)
Salz
1 Döschen Safranfäden
(0,1 g)
600 ml Milch
200 g Schafskäse
1 Ei (M)
2 EL Mehl
Pfeffer
150 g TK-Erbsen
12 Lasagneplatten
2 EL Butter

1 Aubergine grob würfeln. 2 EL Öl in einem Topf erhitzen, Aubergine darin rundherum scharf anbraten und herausnehmen.

2 2 EL Öl im Topf erhitzen. Zwiebeln würfeln, Knoblauch fein hacken und beides glasig dünsten. Hackfleisch zugeben und unter Rühren krümelig braten. Zimtstange, Chili, Kurkuma und Kreuzkümmel zugeben und kurz mitbraten. Aubergine und gehackte Tomaten zugeben und kräftig mit Salz würzen. Bei mittlerer Hitze ca. 45 Minuten offen einkochen lassen. Safran 5 Minuten vor Ende der Garzeit zugeben. Nach Ende der Garzeit Zimtstange und Chilischote entfernen.

3 Inzwischen für die schnelle Béchamelsauce Milch, zerbröselten Schafskäse, Ei, Mehl, Salz und Pfeffer in ein hohes Gefäß geben und mit dem Schneidstab fein pürieren. Die Sauce bei mittlerer Hitze in einem Topf unter Rühren aufkochen und köcheln lassen, bis die Sauce bindet. Vom Herd nehmen.

4 Erbsen zur Hacksauce geben und mit Salz und Pfeffer abschmecken.

5 Backofen auf 200 °C (Gas 4, Umluft 180 °C) vorheizen.

6 Eine Auflaufform (ca. 20 cm x 30 cm) mit dem restlichen Öl einfetten. Etwas Béchamelsauce auf dem Boden der Form verteilen und mit 3 Lasagneplatten belegen. 1/3 der Hacksauce und je 1/4 der Bechamelsauce auf den Platten verteilen. Die restlichen Zutaten ebenso einschichten. Die letzte Schicht nur mit Béchamelsauce bestreichen und die Butter in Flöckchen darauf verteilen. Die Lasagne im heißen Backofen auf der mittleren Schiene 50 bis 60 Minuten goldbraun überbacken.

7 Lasagne aus dem Ofen nehmen. 6 bis 8 Minuten ruhen lassen und servieren.

Zubereitungszeit: 2 Stunden 10 Minuten

HANDWERKSBÄCKER

Es gibt kein Lebensmittel, das wir häufiger essen als Brötchen und Brot. Mehr als 80 Kilo verdrückt jeder Deutsche im Schnitt jedes Jahr. Semmeln in Bayern, Schrippen in Berlin, Rundstücke im Norden, Weckle in Schwaben. 3200 verschiedene Brotsorten soll es geben, eine verrückte Zahl. Deutschland ist Brotweltmeister. Einerseits. Andererseits wird nur noch jedes dritte deutsche Brot beim Bäcker gekauft: 20.000 Bäcker gab es im Jahr 2000, 14.500 im Jahr 2010, 11.700 im Jahr 2017. Jedes Jahr machen ein paar Hundert Handwerksbäckereien zu, die größten Konkurrenten sind Backautomaten in Discountern und Billigbackshops.

Der Megatrend auf dem Lebensmittelmarkt heißt seit vielen Jahren Industrialisierung, aber wo ein Megatrend ist, ist meist auch ein Gegentrend: Die Globalisierung befeuert die Heimatsehnsucht, die Industrialisierung die Individualisierung. Und so liegen auch Qualitätsbäcker im Trend, Bäcker mit »Laib« und Seele, die freiwillig auf all die legalen Backhilfsmittel verzichten, die heute in unserem Brot stecken, darunter synthetisch erzeugte Enzyme. Sie setzen stattdessen auf traditionelles Handwerk: auf alte Getreidesorten, selbst gezüchtete Sauerteige, lange Reifezeiten. In Norddeutschland zum Beispiel der Bäcker Gaues, der auch meine Hamburger

NEUE HEIMAT

Restaurants beliefert, die »Bullerei« und »Die Gute Botschaft«. Ein Handwerksbäcker schafft Unikate, keine Massenware. Brot mit Identität. Ein Handwerksbäcker hat Heimat in der Auslage.

Seit 2015 bildet die Bundesakademie des Bäckerhandwerks gestandene Handwerksmeister zu sogenannten Brot-Sommeliers fort: ein Titel, der aus der Welt des Weins bekannt ist, der Welt gehobener Lebensart also. Und der Zentralverband des Deutschen Bäckerhandwerks formuliert elf goldene Regeln für seine Mitgliedsunternehmen. Regel sieben: »Suchen Sie Ihren Weg aus dem Standard. Heimat verkauft sich gut.«

»Semmeln in Bayern, Schrippen in Berlin, Rundstücke im Norden, Weckle in Schwaben.«

JOGHURT-NUDELSALAT

ZUTATEN
(für 4–6 Personen)

500 g Orecchiette
   (Öhrchennudeln)
Salz
3 grüne Pfefferschoten
1 Bund Minze
500 g griechischer Sahne-
   joghurt (10 % Fett)
Saft von 2 Zitronen
2 Knoblauchzehen
 Pfeffer
4 EL Olivenöl

1 Nudeln nach Packungsanweisung in kochendem Salzwasser bissfest garen.

2 Inzwischen 2 Pfefferschoten fein hacken. 1 Pfefferschote in dünne Scheiben schneiden. 2 Stiele Minze beiseitelegen, restliche Blätter abzupfen
und fein hacken.

3 Joghurt in einer Schüssel glatt rühren. Zitronensaft und die vorbereiteten
Zutaten untermischen und mit Salz würzen.

4 Knoblauch fein hacken.

5 Nudeln abgießen, dabei 100 ml Nudelwasser auffangen. Nudeln noch heiß
in einer Schale mit Knoblauch, Pfeffer und Olivenöl mischen. Joghurt zugeben und mit etwas Nudelwasser strecken. Mit Salz und Pfeffer abschmecken und mit der beiseitegelegten Minze bestreut servieren.

Zubereitungszeit: 20 Minuten

GARNELENPASTA

ZUTATEN

(für 4 Personen)

1 kg Garnelen mit Kopf
   und Schale

2 Stangen Staudensellerie

5 EL Olivenöl

1 TL Fenchelsaat

1 EL Tomatenmark

100 ml weißer Portwein

500 g passierte Tomaten

5 Stiele Petersilie

2 Knoblauchzehen

1 frische rote Chilischote

400 g Penne

Salz

1 Schalen und Köpfe der Garnelen ablösen und beiseitelegen. Garnelen am Rückrand einschneiden und den Darm entfernen. Anschließend waschen und auf Küchenpapier gründlich trocken tupfen. Staudensellerie putzen, waschen und in Scheiben schneiden.

2 3 EL Olivenöl in einem Topf erhitzen. Garnelenschalen und Köpfe darin bei starker Hitze anrösten. Fenchelsaat und Staudensellerie zugeben und kurz mitrösten. Tomatenmark zufügen und mitrösten. Mit Portwein ablöschen. Passierte Tomaten zugeben und bei niedriger Hitze 20 bis 25 Minuten offen köcheln lassen.

3 Inzwischen Petersilie, Knoblauch und Chili fein hacken.

4 Nudeln in reichlich kochendem Salzwasser nach Packungsanweisung bissfest garen.

5 Garnelenfond mit 150 bis 200 ml Nudelwasser auffüllen und den Fond durch ein feines Sieb passieren.

6 Restliches Öl in einer großen Pfanne stark erhitzen. Garnelen darin rundherum scharf anbraten. Petersilie, Knoblauch und Chili zugeben und 1 bis 2 Minuten unter Rühren mitbraten. Die Garnelen-Tomaten-Sauce zugeben und bei niedriger Hitze aufkochen.

7 Nudeln in ein Sieb abgießen, abtropfen lassen, zur Sauce in die Pfanne geben und unter Schwenken vermengen. Die Pasta sofort servieren.

Zubereitungszeit: 1 Stunde

GRILLEN

CHEESE-STEAK

ZUTATEN
(für 4 Personen)

500 g Zwiebeln
2 EL Butter
3 EL Öl
2 TL brauner Zucker
250 ml Sahne
150 ml Hühnerbrühe
100 g Cheddar
50 g kräftiger Gruyère
Cayennepfeffer
Salz
1–2 TL grüne Tabasco-
    sauce
Pfeffer
4 Scheiben Roastbeef,
    ohne Fett und Sehnen
4 Burgerbrötchen
4 Radicchioblätter
4 EL Jalapeño-Scheiben

1 100 g Zwiebeln fein würfeln. 1/2 EL Butter und 1 EL Öl in einem Topf erhitzen. Zwiebeln darin bei mittlerer Hitze weich dünsten. Zucker zugeben und 4 bis 5 Minuten mitdünsten. Mit 200 ml Sahne und Brühe auffüllen und offen bei mittlerer Hitze auf ca. 250 ml einkochen (dabei aufpassen, dass die Sahne nicht überkocht). Das dauert ca. 15 Minuten. Inzwischen Käse fein reiben.

2 Die Sahnemischung mit dem Schneidstab sehr fein pürieren, dabei die restliche Sahne zugeben. Topf vom Herd nehmen, Käse nach und nach zugeben und mit dem Schneidstab untermixen. Anschließend bei milder Hitze erwärmen, mit Cayennepfeffer, Salz und Tabasco abschmecken und vom Herd nehmen.

3 Restliche Zwiebeln in dünne Streifen schneiden. Restliches Öl und restliche Butter in einer Pfanne erhitzen und die Zwiebeln darin unter gelegentlichem Rühren bei mittlerer Hitze in 12 bis 15 Minuten goldbraun braten. Mit Salz und Pfeffer würzen und beiseitestellen.

4 Fleisch mit Salz und Pfeffer würzen und auf dem heißen Grill 2 bis 3 Minuten grillen, anschließend 5 Minuten ruhen lassen und in Streifen schneiden. Die Brötchen waagerecht halbieren und auf den Schnittflächen anrösten. Zwiebeln und Käsesauce unter Rühren erwärmen.

5 Brötchen mit Radicchio, Fleisch, Zwiebeln und Jalapeños belegen und mit der Käsesauce beträufelt servieren.

Zubereitungszeit: 1 Stunde

👄 | Käsesauce und Zwiebeln können in feuerfestem Kochgeschirr auf dem heißen Grill erwärmt werden.

MARINIERTE LAMMKEULE VOM GRILL
À LA DÖNER

ZUTATEN
(für 6–8 Personen)

1 ausgelöste Milchlamm-
keule (ca. 1,8 kg ohne
Knochen, vom Metzger
wie ein Rollbraten vorbe-
reitet)

8 Knoblauchzehen

2 Gemüsezwiebeln
(à ca. 400 g)

300 g griechischer Sahne-
joghurt (10 % Fett)

1 EL getrocknete Dill-
spitzen

1 EL getrockneter Majoran

2 EL edelsüßes Paprika-
pulver

Salz

4 Tomaten

1 Bio-Salatgurke

Saft von 1 Zitrone

Fladenbrot

Pul Biber (türkische
Gewürzmischung mit
Chiliflocken)

1 Das Fleisch auf der Arbeitsfläche mit der äußeren Seite nach unten aufklap-
pen und in 2 cm großen Abständen der Länge nach ca. 1 cm tief einschneiden (auf keinen Fall durchschneiden!).

2 Für die Marinade Knoblauchzehen und 1 Zwiebel fein reiben und mit dem
Joghurt, Dill, Majoran und Paprikapulver in einer Schüssel mischen. Fleisch
und Marinade in einen großen Gefrierbeutel geben. Die Marinade mit den
Händen in das Fleisch einmassieren. Den Beutel verschließen und mindestens 12 Stunden, am besten über Nacht, im Kühlschrank marinieren.

3 Das Fleisch 2 bis 3 Stunden vor der Zubereitung aus dem Kühlschrank nehmen. Die Marinade mit Küchenpapier so gut es geht entfernen (auf keinen
Fall abspülen). Fleisch rundherum mit Salz würzen und auf dem heißen
Grill möglichst bei indirekter Hitze 30 Minuten bei geschlossenem Deckel
grillen. Dabei mehrmals wenden.

4 Tomaten, Gurke und restliche Zwiebel in Scheiben schneiden und mit Zitronensaft beträufeln.

5 Fleisch nach Ende der Garzeit vom Grill nehmen und 6 bis 8 Minuten ruhen lassen. Fladenbrot nach Belieben auf dem Grill anrösten. Das Fleisch in
dünne Streifen schneiden, mit Salz und Pul Biber würzen. Mit Krautsalat,
Tzatziki und dem vorbereiteten Gemüse anrichten und servieren.

Zubereitungszeit: 50 Minuten + 12 Stunden Kühlzeit

▶ Dazu gehören Tzatziki und Krautsalat. Rezepte auf der nächsten Seite. ▶▶

TZATZIKI

1 Salatgurke | 2 Knoblauchzehen
4 Stiele Minze | 4 Stiele Dill
2 rote Zwiebeln | 400 g griechischer
Sahnejoghurt (10 % Fett) | 1 EL Weiß-
weinessig | Salz | 1/2 TL gemahlener
Kreuzkümmel | 1/2 TL Cayennepfeffer
Pfeffer

1 Gurke schälen, grob reiben, im
Sieb abtropfen lassen und leicht
ausdrücken. **2** Knoblauch fein
reiben. Minze und Dill fein hacken.
Zwiebeln sehr fein würfeln.
3 Joghurt mit Essig, Salz, Kreuzkümmel und Cayennepfeffer glatt
rühren. Knoblauch, Zwiebeln und
Kräuter untermischen, mit Salz
und Pfeffer abschmecken und
mindestens 2 Stunden abgedeckt
kalt stellen.
Zubereitungszeit: 10 Minuten +
2 Stunden Kühlzeit

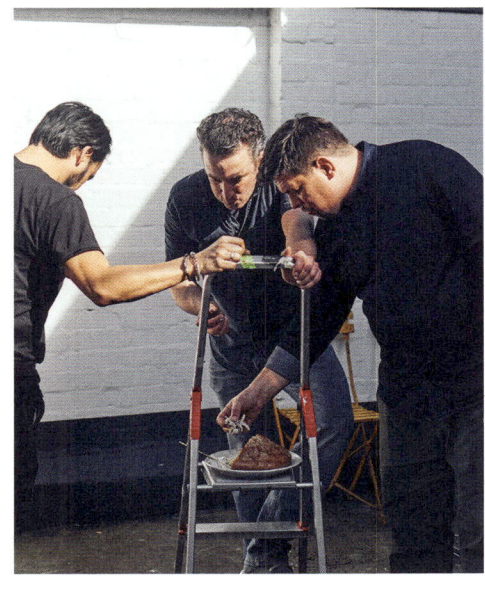

KRAUTSALAT

1 EL Kümmelsaat | 1 EL Koriandersaat | 700 g Spitzkohl
1 EL Salz | 2 EL Zucker | 3 EL Weißweinessig | Pfeffer

1 Kümmel und Koriandersaat in einer Pfanne ohne Fett
anrösten. **2** Kohl putzen, waschen und in feine Streifen
hobeln oder schneiden. Salz, Zucker, geröstete Gewürze
und Essig zugeben und kräftig mit den Händen durchkneten. Mit Pfeffer würzen und mindestens 2 Stunden
abgedeckt kalt stellen.
Zubereitungszeit: 10 Minuten + 2 Stunden Kühlzeit

GEGRILLTE PORTOBELLO-PILZE
mit Letscho

ZUTATEN

(für 8 Personen)

2 rote Paprika
1 grüne Paprika
1 gelbe Paprika
300 g Zwiebeln
4 Knoblauchzehen
1 grüne Pfefferschote
4 Stiele Petersilie
8 große Portobello-Pilze
5 EL Olivenöl
6 Lorbeerblätter
350 g Kirschtomaten
2 EL Butter
1/2 TL scharfes geräuchertes Paprikapulver
Salz
Pfeffer
50 g Pecorino, am Stück (alternativ Parmesan)

1 Paprika waschen, vierteln, das Kerngehäuse entfernen und in ca. 1 cm große Würfel schneiden. Zwiebeln grob würfeln. Knoblauch und Pfefferschote in dünne Scheiben schneiden. Petersilie mit den Stielen fein hacken. Pilzstiele entfernen und grob hacken.

2 Öl in einer Pfanne erhitzen. Paprika und Zwiebeln darin 3 bis 4 Minuten andünsten. Pfefferschote und Knoblauch zugeben und kurz mitdünsten. Pilzstiele, Lorbeer und Kirschtomaten zugeben und 12 bis 15 Minuten bei mittlerer bis niedriger Hitze sämig einkochen. Butter zugeben und unter Schwenken schmelzen. Petersilie und Paprikapulver untermischen, mit Salz und Pfeffer würzen und vom Herd nehmen.

3 Pilze mit dem Letscho füllen und auf dem heißen Grill bei geschlossenem Deckel 15 bis 20 Minuten grillen. Käse dünn hobeln und die Pilze damit bestreut servieren.

Zubereitungszeit: 1 Stunde

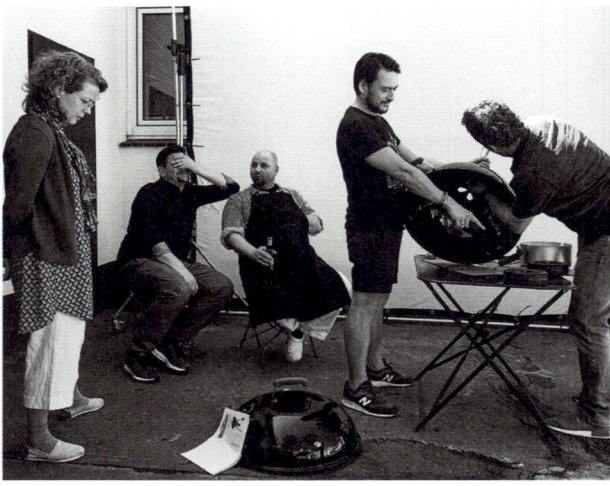

»ICH WOLLTE IN MEINEN RESTAURANTS NIE FÜR EINE ELITE KOCHEN, IMMER FÜR EINE BREITE SCHNITTMENGE. EINE GUTE GASTRONOMIE FÜHRT MENSCHEN ZUSAMMEN, SO UNTERSCHIEDLICH SIE AUCH SEIN MÖGEN. SIE BRINGT SIE AN EINEN TISCH.«

SPARERIBS
mit BBQ-Marinade

ZUTATEN

SPARERIBS

(für 2–4 Personen)

2 Lorbeerzweige
10 Knoblauchzehen
50 g Salz
50 g Zucker
1 1/2 kg Baby-Back-
    Schweinerippchen
500 ml BBQ-Sauce

BBQ-MARINADE

(ergibt ca. 1 Liter)

100 g frischer Ingwer
1 Zwiebel
1 rote Pfefferschote
6 Knoblauchzehen
450 ml Ahornsirup
3 Sternanis
350 ml trockener Weiß-
    wein (alternativ Frucht-
    saft oder Brühe)
400 ml Sojasauce
400 ml Tomatenketchup
Salz
2–3 TL Speisestärke
    (optional)

1 6 bis 8 l Wasser in einen genügend großen Topf füllen (die Spareribs müssen hineinpassen). Lorbeer, Knoblauchzehen, Salz und Zucker zugeben und aufkochen. Spareribs darin 35 bis 40 Minuten bei mittlerer Hitze garen, bis das Fleisch sich leicht vom Knochen zu lösen beginnt.

2 Die Spareribs abkühlen lassen, in eine rechteckige Schale oder Auflaufform geben, mit 300 ml BBQ-Sauce bestreichen und 1 Stunde marinieren. Anschließend auf dem heißen Grill 10 bis 15 Minuten grillen. Dabei mehrmals wenden und mit der Marinade bestreichen.

3 Die Spareribs in Stücke schneiden und mit der restlichen BBQ-Sauce beträufelt servieren.

Zubereitungszeit: 2 Stunden

BBQ-MARINADE

1 Ingwer schälen und grob klein schneiden. Zwiebel und Pfefferschote ebenfalls grob klein schneiden. Mit den Knoblauchzehen im Küchenmixer fein hacken.

2 Ahornsirup und Sternanis in einem Topf aufkochen und 5 Minuten bei mittlerer Hitze einkochen. Wein zugeben, aufkochen und 5 Minuten einkochen. Die Ingwer-Mischung, Sojasauce, Ketchup und 1 EL Salz zugeben und 15 Minuten bei niedriger Hitze offen einkochen.

3 Die Sauce ist jetzt eigentlich fertig. Man kann sie aber nach Belieben noch durch ein feines Sieb passieren und mit Speisestärke binden.

Zubereitungszeit: 35 Minuten

👄 | Diese Sauce eignet sich als Marinade oder Dip für alle Fleischsorten und hält sich im Kühlschrank einige Wochen.

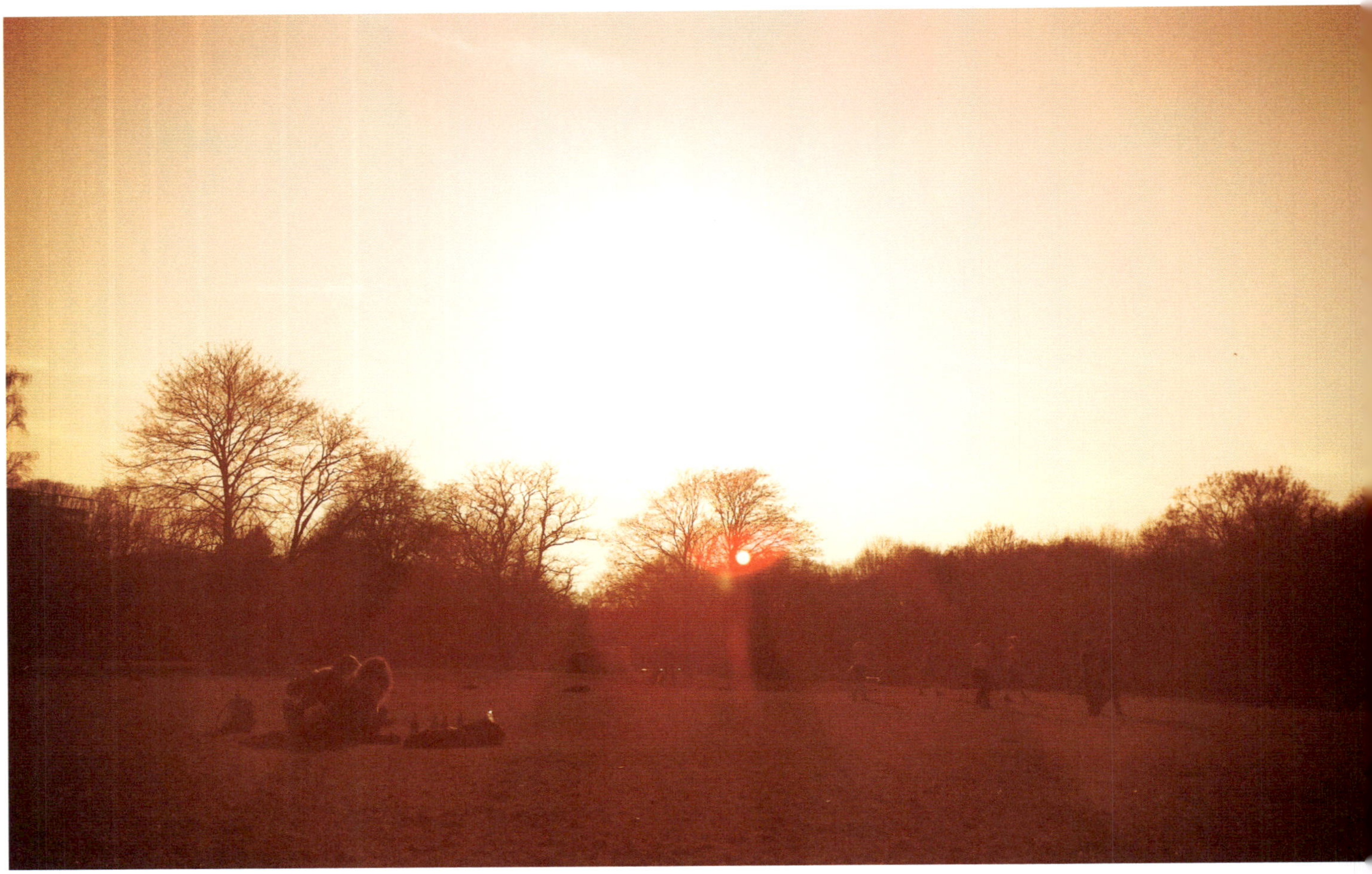

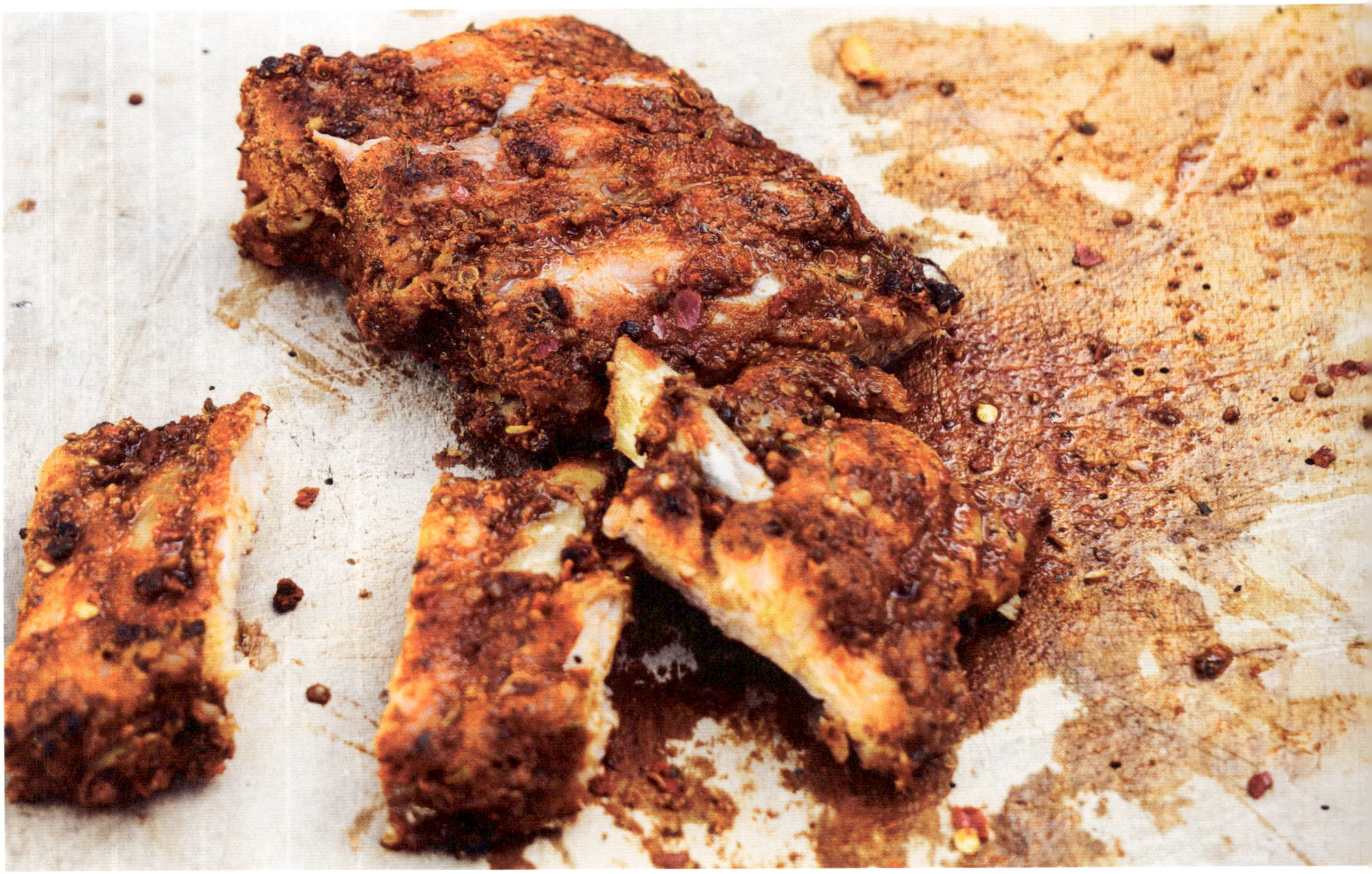

SPARERIBS
mit Dry Rub

ZUTATEN
SPARERIBS
(für 2–4 Personen)

1 1/2 kg Baby-Back-
  Schweinerippchen

DRY RUB
(ergibt ca. 80 g)

10 Pimentkörner
1 EL Chiliflocken
1 EL Koriandersaat
1 EL Meersalz
1 EL edelsüßes Paprika-
  pulver
1 EL scharfes Paprika-
  pulver
2 EL Kräuter der Provence
2 TL gemahlener Zimt
1 EL brauner Zucker

1 Spareribs mit dem Rub rundherum einreiben. Zuerst fest in eine Bahn Backpapier und dann fest in Alufolie wickeln. Das Paket auf dem nicht zu heißen Grill indirekt 2 1/2 bis 3 Stunden bei geschlossenem Deckel grillen. Dabei mehrmals vorsichtig wenden.

2 Die Spareribs sind gar, wenn das Fleisch fast vom Knochen fällt.

Zubereitungszeit: 3 Stunden

👄 | Wer nicht so gern an Knochen knabbert, kann das Fleisch auch ablösen und für Pulled-Pork-Sandwiches verwenden. Dazu passt die BBQ-Marinade von Seite 251 perfekt als Sauce.

DRY RUB

1 Piment, Chiliflocken, Koriander und Salz im Mörser mittelfein mahlen.

2 Die gemahlenen Gewürze mit den restlichen Zutaten mischen.

Zubereitungszeit: 5 Minuten

👄 | Der Rub eignet sich für alle Fleischsorten und kann auch zum Marinieren von Gemüse verwendet werden. Am besten in einem Schraubglas aufbewahren und dunkel lagern.

3 X BUTTER

KAPERNBUTTER

250 g weiche Butter | Salz | 3 EL eingelegte Kapern | 3 Sardellen-
filets in Öl | 1 Bio-Zitrone | 2 Zweige Rosmarin | Pfeffer

1 Butter grob würfeln und mit 1 Prise Salz in einer Schüssel mit den Quirlen des Handrührers 1 bis 2 Minuten cremig
aufschlagen. **2** Kapern und Sardellen fein hacken. Zitrone heiß
abwaschen und die Schale fein abreiben. Rosmarinnadeln abzupfen und fein hacken. **3** Kapern, Sardellen, Rosmarin und Zitronenschale mit der Butter mischen und mit Pfeffer würzen. In eine
Schale füllen und mindestens 2 Stunden abgedeckt kalt stellen.
Zubereitungszeit: 10 Minuten + 2 Stunden Kühlzeit

KRÄUTERBUTTER

1 EL schwarze Pfefferkörner | Bund Schnittlauch | 2 Stiele Dill
3 Stiele Petersilie | 4 Stiele Sauerampfer | 250 g weiche Butter
1 EL Meersalzflocken

1 Pfefferkörner in einer Pfanne ohne Fett anrösten und abkühlen lassen. Anschließend im Mörser mittelfein mahlen.
2 Schnittlauch in feine Röllchen schneiden. Dill, Petersilie und
Sauerampfer fein hacken. **3** Butter grob würfeln. Butter und
Meersalzflocken in einer Schüssel mit den Quirlen des Handrührers 1 bis 2 Minuten cremig aufschlagen. Pfeffer und Kräuter untermischen. Butter in eine Schale füllen und mindestens
2 Stunden abgedeckt kalt stellen.
Zubereitungszeit: 10 Minuten + 2 Stunden Kühlzeit

CURRYBUTTER

1 TL braune Senfsaat | 5 Stiele
Koriander | 1 rote Pfefferschote
250 g weiche Butter | 1 EL Meersalz-
flocken | 1 Spritzer Limettensaft
1 EL mittelscharfes Currypulver
1/2 TL Kurkuma

1 Senfsaat in einer Pfanne ohne
Fett anrösten und abkühlen lassen.
2 Koriander mit den zarten Stielen
fein hacken. Pfefferschote nach Belieben entkernen und fein würfeln
oder hacken. **3** Butter grob würfeln. Butter und Meersalzflocken
in einer Schüssel mit den Quirlen
des Handrührers 1 bis 2 Minuten
cremig aufschlagen. Koriander,
Limettensaft, Currypulver, Kurkuma, Pfefferschote und Senfsaat zugeben und untermischen. Butter in
eine Schale füllen und mindestens
2 Stunden abgedeckt kalt stellen.
Zubereitungszeit: 10 Minuten +
2 Stunden Kühlzeit

NACKENSTEAKS
mit Bier-Honig-Marinade

ZUTATEN

(für 4 Personen)

500 g Gemüsezwiebeln

330 ml helles Bier
  (z. B. Pils)

4 EL flüssiger Honig

2 EL scharfer Senf

1 EL getrockneter Majoran

4 Schweinenackensteaks
  (à ca. 350 g)

2 Äpfel

Zucker

Salz

1 Zwiebeln längs halbieren und in Streifen schneiden. Bier, Honig und Senf verrühren. Zwiebeln und Majoran untermischen und mit dem Fleisch in einen großen Gefrierbeutel geben. Das Fleisch mindestens 12 Stunden, am besten über Nacht, im Kühlschrank marinieren.

2 Das Fleisch 2 bis 3 Stunden vor der Zubereitung aus dem Kühlschrank nehmen. Äpfel quer in ca. 1 cm dicke Scheiben schneiden, mit etwas Zucker bestreuen und auf dem heißen Grill 2 bis 3 Minuten auf beiden Seiten grillen.

3 Das Fleisch aus der Marinade nehmen, trocken tupfen und mit Salz würzen. Die Steaks an der heißesten Stelle des Grills 3 bis 4 Minuten auf jeder Seite grillen. Dann indirekt weitere 3 bis 4 Minuten fertig garen. Die Steaks 5 Minuten ruhen lassen.

4 Währenddessen die Apfelscheiben kurz auf dem Grill erwärmen und anschließend mit den Steaks servieren.

Zubereitungszeit: 40 Minuten + 12 Stunden Kühlzeit

süss

Schoko konfekt

ZUTATEN
(für ca. 20 Stück)

300 g dunkle
  Kuvertüre (55 %.
  Kakaogehalt)
130 ml Konditorsahne
  (alternativ Sahne)
1–2 Prisen Meersalz
4 EL Kakaopulver

1 Eine Form (ca. 12 x 12 cm) mit Backpapier auslegen.

2 Kuvertüre fein hacken und in eine Schüssel geben. Sahne erhitzen, aber nicht aufkochen. Heiße Sahne über die Kuvertüre gießen. Meersalz zugeben. Nach 1 Minute vorsichtig rühren, bis die Kuvertüre vollständig geschmolzen ist. Mindestens 3 Stunden abgedeckt im Kühlschrank kalt stellen.

3 Kuvertüremischung aus der Form heben und in ca. 2 1/2 cm große Würfel schneiden. Kakaopulver in eine weite Schüssel füllen, Konfekt hineingeben und darin wälzen. Dann herausnehmen, servieren oder kühl und trocken lagern.

Zubereitungszeit: 20 Minuten + Kühlzeit

💋 | Unter die geschmolzene Kuvertüre nach Belieben Kakaonibs, zerstoßene Kekse, Baiserstücke oder Ähnliches mischen. Oder auch mit 1 Prise Zimt, Lebkuchengewürz oder Pfeffer verfeinern.

TOPFENKNÖDEL

ZUTATEN
(für 4–6 Personen)

500 g Magerquark
8 Scheiben Toastbrot
1 Vanilleschote
30 g weiche Butter +
    1 EL für die Brösel
40 g Zucker
1 Bio-Zitrone
1 Ei (M)
1 Eigelb (M)
Salz
1 Prise Zimt
1–2 EL Puderzucker

1 Quark in einem Mulltuch leicht ausdrücken. 7 Scheiben Toastbrot entrinden und im Blitzhacker fein zerkleinern, Brotrinde beiseitelegen. Vanilleschote einschneiden und das Mark herauskratzen.

2 Butter und Zucker mit den Quirlen des Handrührers schaumig rühren. Zitronenschale reiben. Quark, Vanillemark, Ei, Eigelb, 1 TL Zitronenschale und zerkleinertes Toastbrot unterrühren. 2 Stunden kalt stellen.

3 Toastrinde und 1 Scheibe Toastbrot ebenfalls im Blitzhacker zerkleinern.

4 Reichlich Salzwasser in einem weiten Topf aufkochen. Quarkmasse zu tischtennisballgroßen Bällchen formen, in das leicht siedende Wasser geben und 10 Minuten bei mittlerer Hitze gar ziehen lassen.

5 Inzwischen die Brösel in einer Pfanne hellgelb rösten. Zimt und 1 EL Butter zugeben und weiterrösten.

6 Knödel aus dem Wasser heben und in den Bröseln wälzen. Mit Puderzucker bestäubt servieren.

Zubereitungszeit: 40 Minuten + Kühlzeit

👄 | Dazu passt Aprikosenkompott (siehe S. 278).

»GESCHMACKS-
ERLEBNISSE HABEN
DIE KRAFT, DIE
VERLORENE VER-
GANGENHEIT
WIEDER AUFLEBEN
ZU LASSEN.«

CANELÉ
oder Canelé-Waffeln

ZUTATEN
(für 10 Stück)

250 ml Milch
50 g Butter
100 g Zucker
1 Pk. Vanillezucker
1 Prise Salz
1 Ei (M)
1 Eigelb (M)
100 g Mehl
1 EL Rum
Butter zum Fetten

1 150 ml Milch, Butter, Zucker, Vanillezucker und Salz in einem Topf erhitzen, aber nicht kochen lassen.

2 100 ml Milch, Ei und Eigelb in einer großen Schüssel verrühren. Mehl in zwei Portionen unterrühren.

3 Sobald die Butter geschmolzen ist, die Butter-Milch nach und nach unter die Mehlmischung rühren, sodass keine Klümpchen entstehen (evtl. anschließend durch ein feines Sieb gießen). Teig vollständig abkühlen lassen, dann mindestens 6 Stunden im Kühlschrank abkühlen lassen.

4 10 Canelé-Förmchen gründlich mit Butter auspinseln und 10 Minuten kalt stellen. Rum unter den Teig rühren. Ofen auf 180 °C (Gas 3, Umluft 160 °C) vorheizen. Canelé-Förmchen jeweils halbvoll mit dem Teig füllen. Auf einem Rost auf der mittleren Schiene 50 bis 55 Minuten backen.

5 Küchlein erst 10 Minuten in den Förmchen auskühlen lassen, dann herausstürzen und auf einem Kuchengitter abkühlen lassen.

Zubereitungszeit: 1 Stunde 30 Minuten + Kühlzeit

CANELÉ-WAFFELN (für 8 Stück)
Den Teig portionsweise in ein Waffeleisen füllen und jeweils ca. 15 Minuten relativ dunkel ausbacken. Auf einem Kuchengitter abkühlen lassen.

BROT-UND-BUTTER-PUDDING
à la Florentiner

ZUTATEN
(für 6–8 Personen)

1 altbackenes Kasten-
   Weißbrot
100 g weiche Butter
1 Pk. Vanillezucker
1 TL abgeriebene Bio-
   Zitronenschale
1 Prise Salz
1/4 TL Zimt
70 g Zucker
4 Eier (M)
600 ml lauwarme Milch
50 g getrocknete Cranberrys

1 Brot in 1,5 cm dicke Scheiben schneiden. Butter, Vanillezucker, Zitronen-schale, Salz und Zimt mit den Quirlen des Handrührers verrühren, dann auf die Brotscheiben streichen. Brotscheiben dachziegelartig in eine hohe Auflaufform (30 x 15 cm) schichten.

2 Zucker, Eier und Milch in die Butterschüssel geben und mit dem Schnee-besen verrühren. Eiermilch über die Brotscheiben gießen und 15 Minuten ziehen lassen, dabei die Brotscheiben immer wieder in die Milch drücken.

3 Backofen auf 180 °C (Gas 3, Umluft 160 °C) vorheizen. Cranberrys zwischen den Brotscheiben verteilen. Pudding auf einem Rost im unteren Ofendrittel 50 Minuten backen.

Zubereitungszeit (inkl. Kruste): 1 Stunde 10 Minuten + Ziehzeit

FLORENTINERKRUSTE
50 g Butter
75 g Zucker
1 EL Honig
2 EL Sahne
100 g Mandelblättchen

FLORENTINERKRUSTE

1 Butter, Zucker, Honig und Sahne in einem Topf sprudelnd aufkochen. Mandelblättchen unterrühren und alles etwas abkühlen lassen.

2 Nach 20 Minuten Backzeit auf dem Brot-und-Butter-Pudding verteilen und weitere 30 Minuten backen.

Der Pfannkuchen ist ein kulinarischer Allrounder, noch vielfältiger als die Pizza. Er lässt sich flach servieren, gefaltet oder gerollt, zum Hauptgang oder zum Dessert, süß oder herzhaft. Er lässt sich belegen oder füllen, flambieren oder gratinieren. In Österreich hört der Pfannkuchen auf den Namen Palatschinken, in Frankreich heißt er Crêpe, in Italien Crespelle, in Großbritannien Pancake, in Russland Blini, in Mexiko Tortilla.

Zum internationalen Küchenklassiker hat er es gebracht, weil er die drei Kernkriterien für Küchenklassiker erfüllt: Er ist preisgünstig, er ist schnell gemacht und er ist leicht gegessen. Wer mag, kann das Besteck beiseitelegen und mit den Händen zugreifen, nicht mal Zähne sind zwingend nötig. Der Pfannkuchen ist watteweich, echtes Kinderessen. Das schätzt man auf der ganzen Welt.

Der äthiopische Injera-Pfannkuchen, gebacken aus dem Mehl der Zwerghirsesamen, ist gleichzeitig Nahrung, Teller und Besteck. Er wird in der Mitte des Tischs ausgebreitet, darauf verschiedene Soßen und Pasten und Fleisch. Die Menschen, die am Tisch sitzen, reißen sich reihum eine Portion ab. »Wenn zwei vom selben Teller essen, betrügen sie einander nicht«, sagt ein äthiopisches Sprichwort. Es ist sogar Brauch, sich hin und wieder gegenseitig ein Stück Pfannkuchen in den Mund zu schieben: ein demonstrativer Akt des Füreinander-Sorgens.

Das mag Europäern im ersten Moment exotisch vorkommen, aber der Pfannkuchen sorgt auch bei ihnen für Geborgenheit und stiftet Gemeinschaft; nur wenige Gerichte lassen sich so gut mit anderen teilen. Der russische Schriftsteller Anton Tschechow schwärmte von Pfannkuchen »weich wie die Schultern einer Kaufmannstochter«, und ein deutsches Volksmärchen erzählt von einem »dicken fetten Pfannekuchen«, der vom Herd hüpft und davonläuft, um sich schließlich von drei Waisenkindern verspeisen zu lassen.

Ein Pfannkuchen ist Teig gewordene Fürsorge. Ein Gericht wie ein guter Freund. Er braucht weder viel Zeit noch viel Aufmerksamkeit, aber er wärmt einen, wenn man ihn braucht. Ein Gericht, das einen in den Arm nimmt. Nur fallen lassen darf man ihn nicht.

PFANNKUCHEN

BAKLAVA

ZUTATEN
(für ca. 25 Stück)

20 g Pistazienkerne
250 g Walnusskerne
1/4 TL Zimt
50 g brauner Zucker
250 g Butter
450 g Yufkateigblätter
4 Kardamomkapseln
1 Bio-Zitrone
150 g Honig
50 g Zucker
1–2 EL Rosenwasser

1 Pistazien fein mahlen und beiseitestellen. Walnusskerne hacken, mit Zimt und braunem Zucker mischen.

2 Backofen auf 180 °C (Gas 3, Umluft nicht geeignet) vorheizen. Butter in einem Topf bei niedriger Hitze zerlassen. Die übereinanderliegenden Yufkateigblätter in der Mitte übereinanderfalten und den ganzen Stapel Blätter 20 x 20 cm groß zuschneiden. Eine quadratische Backform (20 x 20 cm) am Boden mit Butter auspinseln. 6 Teigblätter übereinander in die Form schichten und dabei jedes Teigblatt mit Butter bepinseln. Die Hälfte der Nüsse darauf verteilen. Dann weitere 6 Teigblätter ebenso mit Butter darüberschichten und die übrigen Nüsse darauf verteilen. Restliche Teigblätter ebenso mit Butter darüberschichten.

3 Teigblätter mit einem scharfen Messer zu Rauten oder Rechtecken schneiden und mit der restlichen Butter (möglichst ohne die entstandene weiße Molke) bepinseln. Im heißen Ofen auf einem Rost auf der mittleren Schiene ca. 25 Minuten goldbraun backen.

4 Inzwischen Kardamomkapseln andrücken, 2 Streifen Zitronenschale abschälen, Zitronensaft auspressen. Alles mit 150 ml Wasser, Honig und Zucker aufkochen und 10 Minuten bei niedriger Hitze zu einem Sirup einkochen. Rosenwasser zugeben. Lauwarm abkühlen lassen.

5 Baklava aus dem Ofen nehmen und mit dem Sirup übergießen. Pistazien darüberstreuen und vollständig abkühlen lassen.

Zubereitungszeit: 1 Stunde + Kühlzeit

ZIMTSCHNECKEN

ZUTATEN

HEFETEIG
20 g frische Hefe
240 ml lauwarme Milch
60 g Zucker
500 g Mehl
1 1/2 TL Salz
1 Ei (M)
75 g weiche Butter
Mehl zum Ausrollen

ZIMTBUTTER
200 g weiche Butter
100 g Zucker
1 1/2 TL Zimtpulver
20 g Butter für die Form

GUSS
30 g Apfelgelee
40 g Puderzucker

1 Für den Teig Hefe zerkrümeln und mit Milch und Zucker glatt rühren. Mehl, Salz, Ei und Butter in eine Schüssel geben. Hefemilch zufügen. Mit den Knethaken des Handrührers oder mit der Küchenmaschine 8 bis 10 Minuten zu einem glatten Teig verarbeiten. Abgedeckt an einem warmen Ort 1 Stunde gehen lassen.

2 Für die Zimtbutter Butter, Zucker und Zimt in einer Schüssel mit den Quirlen des Handrührers oder der Küchenmaschine 5 Minuten cremig rühren.

3 Eine ofenfeste Form (ca. 25 x 15 cm, alternativ eine mit Backpapier ausgelegte Springform 26 cm ø) mit Butter fetten. Hefeteig auf eine leicht bemehlte Arbeitsfläche geben und kurz durchkneten. Mit dem Nudelholz ca. 45 x 35 cm groß ausrollen. Gleichmäßig mit der Zimtbutter bestreichen.

4 Den Teig von der langen Seite aus aufrollen. In 10 gleich breite Stücke schneiden und mit den Schnittflächen nach unten in die Form setzen. Weitere 30 Minuten gehen lassen.

5 Backofen auf 180 °C (Gas 3, Umluft 160 °C) vorheizen. Zimtschnecken im heißen Ofen auf einem Rost auf der mittleren Schiene 45 Minuten backen. Auf einem Kuchengitter 10 Minuten abkühlen lassen.

6 Apfelgelee in einem kleinen Topf schmelzen und die Schnecken damit bestreichen. 10 Minuten trocknen lassen.

7 Puderzucker mit 1 EL Wasser glatt rühren und auf die Schnecken streichen. In der Form lauwarm abkühlen lassen. Dann aus der Form lösen und servieren.

Zubereitungszeit: 1 Stunde 40 Minuten + Geh- und Kühlzeiten

BROWNIES
mit Ganache-Topping

ZUTATEN
(für 8 Personen)

75 g Mehl
40 g Kakaopulver
1 TL Backpulver
200 g Zartbitterschokolade
150 ml neutrales Öl
  (z. B. Distelöl)
3 Eier (M)
150 g Zucker
1 Prise Salz
80 g Pekannusskerne
  oder Walnusskerne

GANACHE-TOPPING

200 g dunkle Kuvertüre
  (55 % Kakaogehalt)
150 ml Konditorsahne
  (alternativ Sahne)
1 Prise 5-Spice-Gewürz
  (alternativ Lebkuchen-
  gewürz)

1 Ofen auf 180 °C (Gas 3, Umluft 160 °C) vorheizen. Den Boden einer eckigen Backform (ca. 21 x 21 cm) mit Backpapier auslegen.

2 Mehl, 30 g Kakaopulver und Backpulver mischen. 75 g Schokolade klein hacken, beiseitestellen. Restliche Schokolade grob hacken und in einer Metallschüssel in einem heißen Wasserbad schmelzen. Aus dem Wasserbad nehmen und das Öl unterrühren.

3 Eier, Zucker und Salz mit den Quirlen des Handrührers mindestens 5 Minuten schaumig schlagen. Schokoladen-Öl-Mischung und Mehlmischung nacheinander langsam unterrühren. Restliche Schokolade unterheben. Teig in die Backform füllen und mit den Pekannusskernen belegen.

4 Im heißen Ofen auf einem Rost auf der mittleren Schiene 25 bis 30 Minuten backen. In der Form vollständig abkühlen lassen, dann den Rand mit einem Messer lösen und 8 Brownies zuschneiden. Mit restlichem Kakaopulver bestreuen und nach Belieben mit Ganache-Topping servieren.

Zubereitungszeit: 1 Stunde

GANACHE-TOPPING

1 Kuvertüre fein hacken und in eine Schüssel geben. Sahne erhitzen, aber nicht aufkochen. Heiße Sahne über die Kuvertüre gießen. 5-Spice-Gewürz zugeben. Noch 1 Minute vorsichtig rühren, bis die Kuvertüre vollständig geschmolzen ist. Mindestens 3 Stunden bei Raumtemperatur abkühlen lassen.

2 Ganache mit den Quirlen des Handrührers oder der Küchenmaschine 5 Minuten cremig aufschlagen. Mit zwei Esslöffeln Nocken abstechen und auf die Brownies setzen.

Zubereitungszeit: 20 Minuten + Kühlzeit

6 X KOMPOTT

(je für 4 Personen)

APFELKOMPOTT

4 säuerliche Äpfel (z. B. Elstar) | 30 ml Zitronensaft | 60 g Zucker
1 Zimtstange

1 Äpfel schälen, vierteln, entkernen und mit dem Zitronensaft mischen. **2** Zucker gleichmäßig in einem weiten Topf verteilen und goldgelb karamellisieren. Äpfel zugeben, kurz karamellisieren lassen und mit 100 ml Wasser ablöschen. Zimtstange zugeben. Aufkochen und abgedeckt bei niedriger Hitze 5 Minuten weich garen. **3** Vom Herd ziehen und im zugedeckten Topf abkühlen lassen. **Zubereitungszeit:** 30 Minuten + Kühlzeit

APRIKOSENKOMPOTT

500 g Aprikosen | 50 g Zucker | 2 Zweige Rosmarin | 5 Aprikosenkerne

1 Aprikosen halbieren, entsteinen und in eine ofenfeste Form (ca. 20 x 15 cm) geben. **2** Backofen auf 200 °C (Gas 4, Umluft 180 °C) vorheizen. Zucker und 100 ml Wasser in einem Topf aufkochen und bei niedriger Hitze köcheln lassen, bis sich der Zucker aufgelöst ist. Rosmarin und Aprikosenkerne zugeben. **3** Sirup über die Aprikosen gießen. Ein Stück Backpapier in der Größe der Form zuschneiden und auf die Aprikosen legen. Im heißen Ofen auf einem Rost auf der mittleren Schiene je nach Reifegrad der Aprikosen 12 bis 15 Minuten weich garen. Aus dem Ofen nehmen und in der Form vollständig abkühlen lassen. **4** Aprikosenkerne vor dem Servieren aus dem Kompott entfernen. **Zubereitungszeit:** 30 Minuten + Kühlzeit

RHABARBER-KOMPOTT

500 g Rhabarber | 1 Vanilleschote
1 Bio-Orange | 50 g Zucker

1 Rhabarber putzen und in Stücke schneiden. In eine ofenfeste Form (ca. 20 x 15 cm) geben. **2** Backofen auf 200 °C (Gas 4, Umluft 180 °C) vorheizen. Vanilleschote längs aufschneiden und das Mark herauskratzen. Von der Orangenschale 4 dünne Streifen abschälen und die Orange auspressen. **3** Vanilleschote, -mark, Orangenschale, 100 ml Orangensaft, Zucker und 100 ml Wasser in einem Topf aufkochen. Bei niedriger Hitze köcheln, bis der Zucker aufgelöst ist. **4** Sirup über den Rhabarber gießen. Ein Stück Backpapier in der Größe der Form zuschneiden und auf den Rhabarber legen. Im heißen Ofen auf einem Rost auf der mittleren Schiene je nach Dicke der Rhabarberstangen 12 bis 15 Minuten weich garen. **5** Aus dem Ofen nehmen und in der Form vollständig abkühlen lassen. **Zubereitungszeit:** 30 Minuten + Kühlzeit

BIRNENKOMPOTT

4 feste Birnen | 1 Bio-Zitrone | 150 ml trockener Weißwein
100 g Zucker | 1 Zimtstange | 3 Nelken

1 Birnen schälen, mit einem Kernhausausstecher entkernen und halbieren. 1/2 Zitrone in Scheiben schneiden. 1/2 Zitrone auspressen. **2** 100 ml Wasser, Zitronensaft, Weißwein, Zucker, Zimt und Nelken in einem weiten Topf aufkochen. Birnenhälften und Zitronenscheiben zugeben, zugedeckt aufkochen und bei niedriger Hitze 10 Minuten garen. Dann wenden und weitere 10 Minuten garen. **3** Vom Herd ziehen und im zugedeckten Topf abkühlen lassen.

Zubereitungszeit: 35 Minuten + Kühlzeit

ZWETSCHGENKOMPOTT

500 g Zwetschgen | 60 g Zucker
100 ml Kirschsaft | 1 Zimtstange
1–2 Sternanis | 30 ml Zwetschgenwasser

1 Zwetschgen halbieren, entsteinen und in eine ofenfeste Form (ca. 20 x 15 cm) geben. **2** Backofen auf 200 °C (Gas 4, Umluft 180 °C) vorheizen. Zucker und Kirschsaft in einem Topf aufkochen. Zimtstange und Sternanis zugeben. Bei niedriger Hitze köcheln lassen, bis der Zucker aufgelöst ist. Zwetschgenwasser untermischen. **3** Sirup über die Zwetschgen gießen. Ein Stück Backpapier in der Größe der Form zuschneiden und auf die Zwetschgen legen. Im heißen Ofen auf einem Rost auf der mittleren Schiene je nach Reifegrad der Zwetschgen 12 bis 15 Minuten weich garen. **4** Aus dem Ofen nehmen und in der Form vollständig abkühlen lassen. **Zubereitungszeit:** 30 Minuten + Kühlzeit

BEERENKOMPOTT

100 g Zucker | 100 ml roter Portwein | 100 ml Johannisbeernektar | 1 Bio-Zitrone | 500 g gemischte Beeren
(z. B. Brombeeren, Himbeeren, Erdbeeren)

1 Zucker in einem Topf hellbraun karamellisieren lassen. Mit Portwein ablöschen und kurz einkochen lassen. Johannisbeernektar zugießen und aufkochen. **2** Von der Zitrone 2 dünne Streifen abschälen und die Zitrone auspressen. Zitronenschale und 2 EL Saft zum Sirup geben und alles bei niedriger Hitze 5 Minuten köcheln lassen. **3** Beeren verlesen und putzen, Erdbeeren halbieren. Beeren in eine hitzebeständige Form geben und mit dem Sirup übergießen. Vorsichtig mischen und 10 Minuten ziehen lassen.

Zubereitungszeit: 25 Minuten

HASELNUSS-HONIG-STREUSEL

ZUTATEN
(für 6 Personen)

125 g Mehl (Type 405 oder Dinkel 630)

75 g gemahlene Haselnüsse

50 g gehackte Haselnüsse

100 g Zucker

1 Msp. Zimt

1 Prise Salz

100 g kalte Butter

2 1/2 EL Honig

1 Mehl, gemahlene und gehackte Haselnüsse, Zucker, Zimt und Salz in einer Schüssel mischen. Butter in kleine Stücke schneiden und mit 2 EL kaltem Wasser zugeben. Alles mit den Händen oder mit den Knethaken des Handrührers zu Streuseln verkneten. 30 Minuten kalt stellen.

2 Backofen auf 190 °C (Gas 3, Umluft 170 °C) vorheizen. Streusel auf einem mit Backpapier belegten Blech verteilen. Im heißen Ofen auf der mittleren Schiene 10 Minuten goldgelb backen. Mit 1 EL Honig beträufeln und weitere 5 Minuten backen.

3 Streusel am besten mit einem Pfannenwender wenden und erneut mit 1 EL Honig beträufeln. 5 Minuten weiterbacken. Mit 1/2 EL Honig beträufeln und auf dem Backblech abkühlen lassen.

Zubereitungszeit: 40 Minuten + Kühlzeit

👄 | Die Streusel passen als Topping zu kalter geschlagener Sahne, Vanilleeis, Fruchtkompott oder Joghurt.

"SupaSupa"
ELMAR LAUSE
AFFENFAUST
GALERIE
2014

»DER HAMBURGER LÄSTERT GERNE ÜBER DEN MÜNCHNER IN LEDERHOSE, ZIEHT SICH DANN AM WOCHENENDE ABER EIN ST.-PAULI-SHIRT ÜBER, DAS MIT DEM TOTEN-KOPF.«

GEBACKENE BANANEN
mit Karamellsauce

ZUTATEN
(für 6 Personen)

140 g Zucker

250 ml Sahne

1 Prise Salz

2 EL Zitronensaft

150 g Butter

6 reife Bananen

6 Lagen Yufkateigblätter

1 EL Puderzucker

1 Zucker in einen weiten Topf geben und hellbraun karamellisieren lassen. Sahne zugießen, aufkochen und bei niedriger Hitze 5 bis 10 Minuten köcheln lassen, bis sich der Zucker vollständig aufgelöst hat. Vom Herd nehmen, mit Salz und 1 Spritzer Zitronensaft abschmecken und abkühlen lassen.

2 Backofen auf 200 °C (Gas 4, Umluft 180 °C) vorheizen. Butter in einem Topf schmelzen. Bananen schälen und rundum mit Zitronensaft beträufeln.

3 Yufkateigblätter nacheinander jeweils komplett mit Butter bepinseln. Eine Banane an der kurzen Kante auflegen, Ränder rechts und links über die Banane klappen und die Banane ganz locker in das Teigblatt einrollen. Auf ein mit Backpapier belegtes Blech setzen.

4 Die übrigen Bananen ebenso in Teigblätter einrollen und auf das Blech setzen. Mit Butter bepinseln und mit Puderzucker bestreuen. Im heißen Ofen auf der mittleren Schiene 15 bis 20 Minuten hellbraun backen.

5 Mit der Karamellsauce servieren.

Zubereitungszeit: 50 Minuten

4X

ANANAS-MANGO-EIS

150 g TK-Ananas | 150 g TK-Mango | 2 EL flüssiger Honig
200 ml frisch gepresster Orangensaft

1 Ananas, Mango, Honig und Orangensaft mischen und 10 bis 15 Minuten antauen lassen. **2** In einem hohen Gefäß mit dem Schneidstab oder in der Küchenmaschine zu einem cremigen Eis pürieren. Sofort servieren.

Zubereitungszeit: 20 Minuten

ERDBEEREIS

300 g TK-Erdbeeren | 50 g Puderzucker | 2 EL Zitronensaft
100 ml Sahne

1 Erdbeeren, Puderzucker, Zitronensaft und Sahne mischen und 10 bis 15 Minuten antauen lassen. **2** In einem hohen Gefäß mit dem Schneidstab oder in der Küchenmaschine zu einem cremigen Eis pürieren. Sofort servieren.

Zubereitungszeit: 20 Minuten

 | Zucker und Sahne durch 120 ml Holunderblütensirup ersetzen.

HEIDELBEER-EIS

1 Bio-Limette | 300 g TK-Heidelbeeren | 30 g Puderzucker
1 Pk. Vanillezucker | 100 g griechischer Sahnejoghurt (10 % Fett)

1 Limettenschale abreiben, Saft auspressen. 1 TL Limettenschale mit Heidelbeeren, Puderzucker, Vanillezucker, 1 EL Limettensaft und Joghurt mischen und 10 Minuten antauen lassen. **2** In einem hohen Gefäß mit dem Schneidstab oder in der Küchenmaschine zu einem cremigen Eis pürieren. Sofort servieren.

Zubereitungszeit: 20 Minuten

KIBA-EIS

300 g TK-Sauerkirschen | 2 Pk. Vanillezucker | 1 reife Banane

1 Sauerkirschen und Vanillezucker mischen und 10 Minuten antauen lassen. Banane in Stücke brechen und zugeben. **2** In einem hohen Gefäß mit dem Schneidstab oder in der Küchenmaschine zu einem cremigen Eis pürieren. Sofort servieren.

Zubereitungszeit: 15 Minuten

HAMBURGER ROTE GRÜTZE

ZUTATEN
(für 4 Personen)

400 g schwarzer Johannis-
  beernektar
50 g Speisestärke
400 TK-Himbeeren
50–60 g Zucker

SABAYON

50 g Zucker
70 ml lieblicher Weißwein
50 ml Orangensaft
4 Eigelb

1 300 g Johannisbeernektar aufkochen. 100 ml Johannisbeernektar mit der Stärke verrühren und in den kochenden Nektar rühren. Aufkochen und unter Rühren bei niedriger Hitze 3 Minuten köcheln. Vom Herd ziehen.

2 Himbeeren in den heißen Nektar geben und unter Rühren auftauen lassen. Alles durch ein feines Sieb streichen.

3 Zucker unter die Grütze rühren, bis er sich aufgelöst hat. Vollständig abkühlen lassen und vor dem Servieren mit dem Schneebesen glatt rühren.

Zubereitungszeit: 15 Minuten + Kühlzeit

👄 | Dazu passt Sabayon, Vanillesauce, geschlagene Sahne oder eiskalte Milch.

SABAYON (ZABAGLIONE)

1 Zucker, Weißwein, Orangensaft und Eigelb in einen Schlagkessel oder eine Metallschüssel geben und verrühren. In einem heißen Wasserbad mit dem Schneebesen so lange schlagen, bis eine cremig-feste Sauce entsteht.

2 Sofort servieren.

Zubereitungszeit: 15 Minuten

BLÄTTERTEIGTASCHEN
mit Crème Pâtissière

ZUTATEN
(für 8 Personen)

3 rechteckige TK-Blätter-
teigplatten, aufgetaut
1 EL Mehl
2 EL neutrales Öl
(z. B. Distelöl)

CRÈME PÂTISSIÈRE
1 Vanilleschote
5 Eigelb (M)
70 g Zucker
50 g Speisestärke
500 ml Milch
2 EL Butter

1 Backofen auf 190 °C (Gas 3, Umluft 170 °C) vorheizen. Aus den Blätterteigplatten 8 Quadrate (6 x 6 cm) zuschneiden. Diese auf einer leicht bemehlten Arbeitsfläche jeweils 10 x 10 cm groß ausrollen.

2 Ein Muffinblech auf den Kopf drehen und die Unterseite von 8 Mulden rundum mit Öl bepinseln. Blätterteigquadrate darüberlegen. Im heißen Ofen auf einem Rost auf der mittleren Schiene 10 bis 15 Minuten goldbraun backen.

3 Blätterteig auf dem Muffinblech abkühlen lassen. Dann vorsichtig abheben und umdrehen. Mit den Fingern Mulden in die Körbchen drücken, sodass sie befüllbar sind.

4 Crème pâtissière in einen Spritzbeutel ohne Tülle füllen und in die Blätterteigkörbchen spritzen.

Zubereitungszeit: 30 Minuten + Kühlzeit

CRÈME PÂTISSIÈRE
1 Vanilleschote längs einschneiden und das Mark herauskratzen.

2 Eigelb, Zucker und Vanillemark in einer Schüssel mit den Quirlen des Handrührers zu einer cremigen Masse aufschlagen.

3 Speisestärke und 100 ml Milch mit dem Schneebesen glatt rühren und unter die Eimasse ziehen.

4 400 ml Milch in einem großen Topf aufkochen und mit dem Schneebesen unter die Eimasse rühren. Alles zurück in den Topf geben und unter ständigem Rühren bei mittlerer Hitze aufkochen, bis die Masse andickt und eine Creme entsteht. Vom Herd ziehen, Butter zugeben und 1/2 Minute weiterrühren, bis die Butter geschmolzen ist.

5 Creme in eine Schüssel gießen und direkt auf der Oberfläche mit Frischhaltefolie bedecken. Vollständig abkühlen lassen.

6 Creme kurz vor der Verwendung erneut mit dem Schneebesen glatt rühren oder mit dem Schneidstab pürieren.

Zubereitungszeit: 15 Minuten + Kühlzeit

👄 | Mit etwas Zimtpulver bestreut servieren.

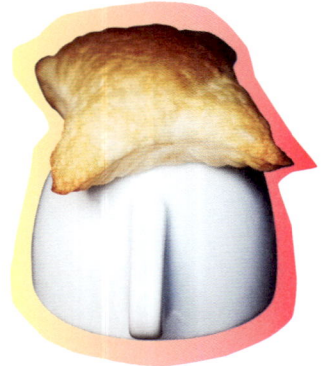

GRIESSSCHNITTEN

ZUTATEN
(für 6 Personen)

1 EL weiche Butter
800 ml Milch
120 g Weichweizengrieß
170 g Zucker
4 Eier (M)
1 Prise Salz
2 EL Vanillezucker
1 Bio-Orange

1. Backofen auf 200 °C (Gas 4, Umluft 180 °C) vorheizen. Eine hohe Auflaufform (20 x 15 cm) mit Butter fetten.

2. Milch in einem Topf aufkochen. Grieß und 70 g Zucker mischen und unter Rühren in die kochende Milch rieseln lassen. Unter Rühren aufkochen, dann bei niedriger Hitze 5 Minuten quellen lassen.

3. Eier trennen. Eiweiß und Salz mit den Quirlen des Handrührers steif schlagen. Vanillezucker einrieseln lassen und kurz weiterschlagen, bis eine cremig-feste Masse entstanden ist.

4. Grießbrei in eine Schüssel umfüllen. Von der Orange 2 TL Schale abreiben. Orangenschale und Eigelbe zügig mit einem Schneebesen unterrühren. Eischnee vorsichtig unterheben. Die Masse in die Auflaufform füllen und im heißen Ofen auf einem Rost im unteren Ofendrittel 30 bis 35 Minuten backen.

5. Auflauf aus dem Ofen nehmen und vollständig abkühlen lassen. Dann aus der Form stürzen und in 12 ca. 1,5 cm dicke Scheiben schneiden.

6. Grießscheiben nebeneinander auf ein Backblech legen und mit je 1 TL Zucker bestreuen. Mit einem Bunsenbrenner goldgelb karamellisieren. Alternativ auf einem Backblech unterm vorgeheizten Backofengrill bei 240 °C im obersten Backofendrittel unter Beobachtung goldbraun karamellisieren.

Zubereitungszeit: 1 Stunde + Kühlzeit

👄 | Mit Beerenkompott oder Roter Grütze servieren.

ZITRONENROLLE

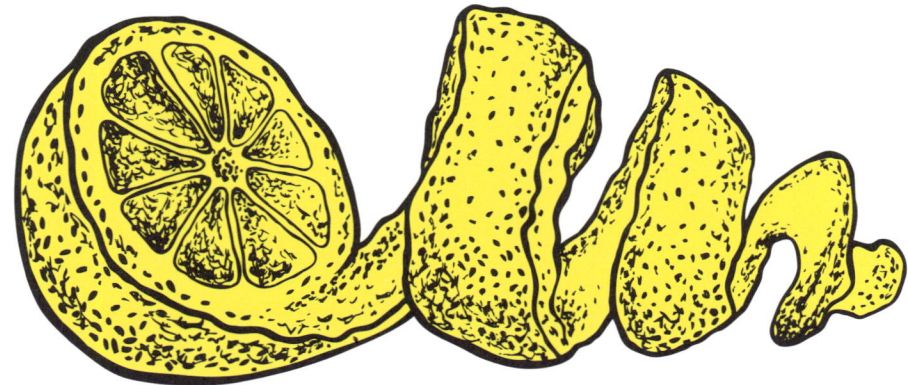

ZUTATEN
(für 8–10 Stücke)

180 g Zucker
1 Prise Salz
4 Eier (M)
120 g Mehl
1/2 TL Backpulver
1 Bio-Zitrone
500 ml Konditorsahne
　(alternativ Sahne)
Puderzucker

1 120 g Zucker, Salz und die Eier in eine Schüssel geben und mit den Quirlen des Handrührers oder der Küchenmaschine mindestens 5 Minuten cremig aufschlagen.

2 Mehl und Backpulver mischen, in mehreren Portionen auf die Eimasse sieben und vorsichtig mit dem Schneebesen unterheben.

3 Den Backofen auf 190 °C vorheizen (Gas 3, Umluft 170 °C). Die Masse auf ein mit Backpapier belegtes Blech (40 x 30 cm) geben und gleichmäßig bis in die Ecken streichen. Im heißen Ofen auf der mittleren Schiene 12 Minuten goldgelb backen. Sofort auf ein mit 20 g Zucker bestreutes Geschirrtuch stürzen. Backpapier vorsichtig abziehen, dafür evtl. mit kaltem Wasser einpinseln. Biskuit mit dem Geschirrtuch längs aufrollen und abkühlen lassen.

4 Zitronenschale fein abreiben, den Saft der Zitrone auspressen. Restliche 40 g Zucker, 2 TL Zitronenschale und 70 ml Zitronensaft in einem kleinen Topf aufkochen, bis sich der Zucker aufgelöst hat. Sirup umfüllen und vollständig abkühlen lassen. Sahne steif schlagen. Kalten Zitronensirup rasch unterrühren.

5 Biskuit entrollen und mit Zitronensahne bestreichen. Dabei einen 2 cm breiten Rand lassen.

6 Biskuit mit Hilfe des Tuchs über der Füllung aufrollen und auf eine Platte geben. Rolle und übrige Zitronensahne 2 Stunden kalt stellen.

7 Mit Puderzucker bestäubt servieren.

Zubereitungszeit: 40 Minuten + Kühlzeit

REZEPT NEUE HEIMAT

Der Großteil, der mein Gefühl von Heimat definiert, besteht aus den Menschen, die mich umgeben. Diesen Menschen gebührt mein besonderer Dank, da ich ohne sie nur ein Eintopf ohne Topf, Bratkartoffeln ohne Kartoffeln oder Nudeln ohne Sauce wäre. Und da mir diese Vorstellung so gar nicht gefällt, habe ich die perfekte Rezeptur für dieses fantastische Kochbuch in unzähligen Stunden, Tagen, Wochen und Monaten entwickelt:

Man nehme:

78 kg geballte Sehstärke mit kräftigem Zeigefinger für den Auslöser. **Matthias Haupt**

72 kg halbasiatische Weisheit, gepaart mit kulinarischer Brillanz und buddhistischer Gelassenheit, der für die (Ver-)Bindung aller Gewerke sorgt (außer der Hunger kommt). **Marcel Stut**

530 TL Überblick, Sichtweite und Organisation mit archivarischem Talent, um dem Haupt den Kopf zu retten. **Lisa Nottenkaemper**

68 EL grafischer und visueller Sachverstand, der diese chaotische Bilder- und Rezeptsammlung zu einem kulinarischen Gesamtwerk verbindet. **Anja Laukemper**

570 g zuckersüße Backfähigkeit mit Künstlernamen Heidi, femininer Note als Ausgleich zum testosterongeprägten Hautgout und einer Bescheidenheit, die ihresgleichen sucht. **Marion Heidegger**

1200 l komplettes Chaos mit komödiantischer Ader, fleischigem Wissen, Herzhaftigkeit und schier unerschöpflicher Fähigkeit, anderen auf die Nerven zu gehen und einem kaum zu bändigenden Wissensdurst mit einem leichten Metteinschlag. **Michael Wagner**

77 kg intellektuelle Schreibsachkenntnis mit der Kocheigenschaft, stakkatoartig zusammenhangloses und manchmal sinnvolles Gelaber (von mir) zu einer samtartigen Bindung in Textform zu bringen. **Tobias Becker**

84 kg oktopusartige Vakuumierfähigkeit mit Liebe, Blick für das Detail und den Moment! Leichte manische Note erwünscht. **Frank Meyer** von jumpallintheair

550 Msp. dekorative Porzellankompetenz mit textilaffinem Hintergrund in top(f)form. Das Essen hat die Bühne bekommen, die es verdient hat. #wenigerbesteck **Katrin Heinatz**

740 ml meisterproperige Fähigkeit, Dinge wieder zum Strahlen (nicht nur uns) und in Form zu bringen. Obacht: Hierbei sind Spülhände unbedingt zu vermeiden, da bei dieser sehr empfindlichen Zutat die kleinsten Ungenauigkeiten die Aromatik dieses Buches gefährden können. **Babette Börner**

147 kg kombinierter und kompetenter Designextremismus mit Beissraum. Klar, orientiert, geradlinig und dennoch immer auf neuen Wegen, die am Ende visuell überzeugen. **Lucas Buchholz & Bernd Brink** von weissraum

148 kg gestalterische Dualkreativität mit raketenwissenschaftlichem Augenzwinkern und herausfordend-frischer Visualität. **Rocket & Wink**

300 qm wohlfühlende, umsorgte Location mit einer flexiblen Küche und vielfältigen Perspektiven, unterteilt in unterschiedliche Räume mit dem »zu Hause sein«-Erlebnis. **Maxine Bauer** von Bruns & Möllendorf

Großzügige Mengen Gewürze, Essig und Öl. **Ingo Holland, Erwin Gegenbauer** und **Ralf Bos**

Das ganze final abgeschmeckt durch drei besondere Zutaten aus zufälligem Hause, die mit ihrer Spezialität dem Ganzen die Krone aufsetzen. **Monika König, Cornelia Hanke** und **Ina Hochbach** von Random House.

So entsteht die NEUE HEIMAT.

Danke von Herzen an Alle und für Alles.

Der Koch

REGISTER A–Z

REZEPTREGISTER